AF626659

Der Postillon

Der Postillon

Ehrliche Nachrichten – unabhängig, schnell, seit 1845

Wahrheits- ~~LÜGEN~~PRESSE

riva

Bibliografische Information der Deutschen Nationalbibliothek
Die Deutsche Nationalbibliothek verzeichnet diese Publikation in der Deutschen Nationalbibliografie. Detaillierte bibliografische Daten sind im Internet über http://d-nb.de abrufbar.

Für Fragen und Anregungen
info@rivaverlag.de

www.der-postillon.com

Originalausgabe
1. Auflage 2023

Türkenstraße 89
80799 München
Tel.: 089 651285-0
Fax: 089 652096

Umschlaggestaltung, Layout und Satz: Oliver Kroh (agentix – marketing & werbung)
Umschlagabbildungen: shutterstock.com/3000ad, Deman, FotoYakov, camilkuo, Everyonephoto Studio, Dmytro Surkov, Iurii Vlasenko, EfteskiStudio, Ljupco Smokovski, Budimir Jevtic, amedeoemaja
Druck: Firmengruppe APPL, aprinta Druck, Wemding
Printed in Germany

ISBN Print 978-3-7423-2213-5
ISBN E-Book (PDF) 978-3-7453-1980-4
ISBN E-Book (EPUB) 978-3-7453-1981-1

Wir produzieren nachhaltig
www.m-vg.de

Weitere Informationen zum Thema finden Sie unter

www.rivaverlag.de

Beachten Sie auch unsere weiteren Verlage unter:

www.m-vg.de

Wir widmen dieses Buch feierlich
dem schnöden Mammut!

VOR ORT

Se r gee rte Leserin, se r gee rter Leser,

lei er sin auc ir beim Postillon vom allgemeinen Ro stoffmangel betroffen. Vor allem im Bereic er Buc staben , und gibt es erzeit massive Lieferengpässe.

Um ie Qualität er Artikel so enig ie möglic zu beeinflussen un I nen trotz em ein angene mes Leseerlebnis bieten zu können, haben ir versuc t, ie Buc staben , und vorne mlic in enjenigen Beiträgen zu verbauen, ie von ieder olungen, alm äc ern, en e älsen o er an äsche an eln. ir offen, as ist in I rem Sinne!

Es grüßt Sie erzlic

Stefan Sic ermann

C efre akteur

Muss so nur 20 Minuten pro Tag arbeiten: Postbote wirft Briefe einfach in nächsten gelben Briefkasten

Dresden (dpo) – Revolutioniert er mit diesem simplen Trick seinen eigenen Berufsstand? Ein Postbote aus Dresden hat herausgefunden, dass er täglich viele Stunden Arbeit einsparen kann, wenn er alle Briefe einfach in einen Postbriefkasten einwirft, anstatt sie mühsam einzeln zu verteilen.

»Ich bin jetzt schon seit vier Jahren Postbote«, berichtet Gabriel Mühlberg. »Und am Anfang habe ich wirklich etliche Stunden am Tag investiert, um alle Briefe an ihre jeweiligen Adressaten zuzustellen. Heute dauert mein Arbeitstag höchstens 20 Minuten!«

Der Geistesblitz ereilte ihn an einem ganz gewöhnlichen Arbeitstag vor rund drei Monaten. »Da lief ich wie jeden Tag auf meiner Route an so einem gelben Briefkasten der Post vorbei. Und da fiel es mir plötzlich wie Schuppen von den Augen: Diese Kästen stehen ja gerade rum, damit man nicht jeden Brief extra persönlich beim Empfänger vorbeibringen muss! Da habe ich natürlich sofort alles eingeworfen und Feierabend gemacht. Und seitdem liebe ich meinen Beruf einfach nur!«

Die Zustellung seiner Briefe erledigt jetzt sein Arbeitgeber für ihn. »Die bei der Post sind darauf ja spezialisiert. Insofern ist das viel effizienter, als wenn ich das selbst mache«, so Mühlberg. »Ich hätte mir nur gewünscht, dass die mir das schon an meinem ersten Arbeitstag gesagt hätten«, merkt er an. »Dann hätte ich mir einen Haufen Arbeit gespart.«

Einziger Haken: Viele der eingeworfenen Sendungen landen einige Tage später wieder bei ihm. »Ja, das wird teilweise immer mehr, was ich da austragen müsste, aber das ist nicht schlimm. Zum Glück lässt sich meine Strategie beliebig oft wiederholen.«

Tiny-House-Trend: Jetzt steigt auch Dixi mit ein

Ratingen (dpo) – Schon seit einigen Jahren sind Tiny Houses der Trend auf dem Immobilienmarkt. Doch die zahlreichen kleineren Anbieter für die platzsparenden Häuser bekommen jetzt starke Konkurrenz: Die Toi Toi & Dixi-Gruppe hat angekündigt, künftig kostengünstige Tiny Houses im Fertighausstil anzubieten.

Experten rechnen damit, dass Dixi in kurzer Zeit große Anteile des Marktes erobern dürfte – schließlich hat das Unternehmen jahrzehntelange Erfahrung im Bau von Kleinstbehausungen.

»Die Häuser von Dixi sind in der Regel sogar noch kleiner als selbst die kleinsten Tiny Houses«, erklärt Wirtschaftsexperte Michael Ewert. »Mit nur 1,5 Quadratmetern inklusive sanitärer Anlagen bei einem insgesamt sehr günstigen Preis ab 2000 Euro schlägt Dixi die Konkurrenz um Längen und ist deshalb insbesondere für junge Paare und Kleinfamilien sehr gut geeignet.«

Und tatsächlich: Wer die Tiny Houses von Dixi vor Ort begutachtet, wittert sofort das große Geschäft. Denn ein typisches Haus bietet trotz seiner geringen Größe erstaunlich viel Komfort. Tritt man durch die großzügige Eingangstür, befindet man sich direkt im kombinierten Schlaf-, Wohn- und Sanitärbereich.

Das unbestrittene Prunkstück des Dixi Tiny House ist jedoch die Toilette, die prozentual ungewöhnlich viel Raum einnimmt. Dabei verzichten Dixi Tiny Houses bewusst auf kostspielige Anschlüsse an die örtliche Kanalisation. Stattdessen kommt einmal alle zwei Wochen ein Service-Lastwagen vorbei, der das komplette Tiny House reinigt.

Ein weiterer großer Vorteil der Dixi Tiny Houses besteht darin, dass sie unkompliziert versetzt werden können. So können Hauseigentümer ihr Domizil je nach Bedarf unweit ihrer Arbeitsstelle aufstellen und so nicht nur ihre Pendelstrecke reduzieren, sondern haben auch die Möglichkeit, jederzeit Pausen zu Hause zu verbringen.

Ohne Scheiß?: Landwirt kann kaum glauben, dass leckere Erdbeeren ungedüngt sein sollen

»Immer nur Katar ist langweilig« – FC Bayern plant Trainingslager in Afghanistan

München, Kabul (dpo) – Endlich ein wenig Abwechslung! Der FC Bayern München hat soeben bekannt gegeben, dass das traditionelle Wintertrainingslager in diesem Jahr erstmals seit Langem nicht in Katar stattfinden soll, sondern in Afghanistan. Das sei das Ergebnis von Verhandlungen des Clubvorstands mit den Taliban.

»Immer nur Katar ist auf Dauer ja auch irgendwie öde«, erklärte Bayern-Sportdirektor Hasan Salihamidžic. »Deshalb haben wir uns schon länger nach einer anderen brutalen Diktatur umgesehen, die uns viel Geld für gute PR anbietet.«

Bis vor Kurzem sei Afghanistan für die Münchner nicht infrage gekommen. Zu demokratisch, zu unflexibel. Doch seit die Taliban die Macht übernommen haben, sehe die Sache ganz anders aus.

»Solange das Geld stimmt, hatten wir mit Menschenrechtsverletzungen und Scharia noch nie ein Problem«, so Bayern-Boss Oliver Kahn. »Im Gegenteil: Solche Länder zahlen ja umso besser, weil sonst niemand mit ihnen zu tun haben will!«

Außerdem rieche das Geld der Taliban angenehm nach frischem Opium und nicht nach muffigem Erdöl. »Da kann Katar nicht mithalten«, so Kahn.

Zusätzlich zum Trainingslager ist im Deal mit den Taliban, über dessen genaue Höhe Stillschweigen vereinbart wurde, auch ein allgemeiner Sponsorenvertrag enthalten. Ab kommender Saison wird auf den Ärmeln des Rekordmeisters also nicht mehr Qatar Airways, sondern der große talibaneigene Burka-Fabrikant »Scharia Fashion« werben.

Interieur: Bandwurmfamilie richtet sich in Jagdhund ein

Will nachhaltiger werden:
Vin Diesel benennt sich in Vin Denergie um

Los Angeles (dpo) – Auch vor Hollywood macht die Sorge um unseren Planeten nicht halt. Überraschend zeigt sich jetzt Actionstar Vin Diesel solidarisch. Dieser plant nach eigenen Angaben, seinen Nachnamen Diesel abzulegen. Stattdessen möchte er fortan Vin Denergie genannt werden.

»Ein hipper, moderner Actionstar mit einem altmodischen, unzeitgemäßen Namen wie Diesel – das passt in Zeiten des Klimawandels nicht zusammen«, erklärte der Schauspieler diese Woche in einem Interview. »Fossile Kraftstoffe, darunter auch Diesel, zerstören den Planeten. Ich zerstöre dagegen nur meine Feinde mit meiner unglaublichen Kraft, während ich für sie einfach nicht zu fassen bin. Genau wie der Wind.«

Auch auf seine Filme wird Vin Denergies Kampf gegen die globale Erwärmung konkrete Auswirkungen haben. So soll Fast & Furious 10 der erste Streifen der Actionreihe werden, in dem fast ausschließlich Elektrofahrzeuge und öffentliche Verkehrsmittel zum Einsatz kommen. »Es wird aber auch ein paar heiße Verfolgungsjagden auf Fahrrädern geben«, verspricht der Actionstar.

Vin Denergie ist nicht der erste bekannte Actionstar, der sich zur Umweltbewegung bekennt. In den letzten Jahren beeindruckten unter anderem Jean-Claude van Dämmung, Jason Stattofu, Dolph Lundgreen, Harrison Tesla und Tom Bike-Tour mit einem solchen Schritt.

»Ich vertraue auf meine natürlichen Rutschabwehrkräfte« – Winterreifengegnerin lässt Sommerreifen drauf

Kaiserslautern (dpo) – Diesen Wahnsinn macht sie nicht mit: Querlenkerin Karin Schwermer (37) aus Kaiserslautern will diesen Winter im Straßenverkehr mit Sommerreifen bestreiten, obwohl gemeinhin zum Wechsel auf Winterreifen geraten wird.

»Winterreifen sind doch nur ein Trick der Reifenmafia und der Kfz-Mechaniker-Lobby, um jedes Jahr Milliarden zu scheffeln«, so Schwermer. »Aber was auf meine Felgen kommt, das entscheide immer noch ich! Wussten Sie, dass statistisch gesehen die meisten Unfälle im Winter mit Winterreifen passieren?«

Dass dies in erster Linie daran liegt, dass weit über 90 Prozent aller Fahrzeuge während der kalten Jahreszeit mit Winterreifen ausgestattet sind, will sie nicht gelten lassen.

»Das ist doch nur ein Rechentrick. Wenn Winterreifen wirklich so sicher wären, warum passieren denn dann überhaupt noch Unfälle?«, fragt sie. »Das kann ja nur bedeuten, dass die nix taugen. Im Gegenteil, die wiegen die Leute nur unnötig in Sicherheit und sie fahren dann noch unvorsichtiger.«

Doch auch persönliche Erfahrungen spielen bei ihrer Entscheidung eine wichtige Rolle. »Ich bin mit meinen Sommerreifen noch nie von der Straße abgekommen. Wieso sollten die nicht auch im Winter guten Grip haben? Die haben doch auch ein Profil! Ich habe Vertrauen in die natürlichen Rutschabwehrkräfte meiner Sommerreifen und lasse mich nicht von den Medien verrückt machen.«

Auch zahlreiche nachgewiesene Fälle, in denen Menschen mit Sommerreifen im Winter tödlich verunglückten, können Karin Schwermer nicht überzeugen. »Man muss sich da natürlich fragen, ob die Leute AN oder MIT Sommerreifen gestorben sind. Und wenn man genau hinschaut, sieht man, dass meistens andere Sachen wie ein Baum, ein Brückenpfeiler oder ein weiteres Auto den Tod verursacht haben und nicht die Sommerreifen. Die waren nur zufällig drauf, als das Fahrzeug ins Rutschen kam.«

Dann verabschiedet sich die Winterreifengegnerin. »Ich muss jetzt los. Habe einen Termin bei meiner ganzheitlich-alternativen Autowerkstatt. Die reiben meine Sommerreifen mit tibetischer Heilbutter ein, damit sie mehr Kraft gegen Glatteis haben.«

Legosteiniker: Kind verwechselt ständig Bauklötze

2021/22, SPIELTAG 1
VERTRAULICH
Seite 4/23
DEUTSCHER FUSSBALL-BUND
BUNDESLIGA

3. Spielergebnisse

Der erste Spieltag der Saison 2021/2022 findet vom 13.08. bis 15.08. statt. Als Spielergebnisse werden die folgenden End- und Zwischenstände festgelegt:

Datum	Begegnung	Ergebnis
13.08.2021, 20:30 Uhr	Borussia Mönchengladbach - FC Bayern München	1:1 (1:1)
14.08.2021, 15:30 Uhr	VfL Wolfsburg - VfL Bochum 1848	1:0 (1:0)
14.08.2021, 15:30 Uhr	1. FC Union Berlin - Bayer 04 Leverkusen	1:1 (1:1)
14.08.2021, 15:30 Uhr	VfB Stuttgart - SpVgg Greuther Fürth	5:1 (2:0)
14.08.2021, 15:30 Uhr	FC Augsburg - TSG Hoffenheim	0:4 (0:1)
14.08.2021, 15:30 Uhr	Arminia Bielefeld - SC Freiburg	0:0 (0:0)
14.08.2021, 18:30 Uhr	Borussia Dortmund - Eintracht Frankfurt	5:2 (3:1)
15.08.2021, 15:30 Uhr	1. FSV Mainz 05 - RB Leipzig	1:0 (1:0)
15.08.2021, 18:00 Uhr	1. FC Köln - Hertha BSC	3:1 (1:1)

DFB-Panne: Alle Ergebnisse des ersten Bundesliga-Spieltags vorab geleakt

Frankfurt (dpo) – Es ist der größte Bundesliga-Skandal seit Jahren: Nach einer Panne in einem Frankfurter Notarbüro sind heute die vollständigen Spielergebnisse des ersten Spieltags geleakt. Der deutsche Ligaverband zeigt sich bestürzt, Wettanbieter korrigieren derzeit sämtliche Quoten hektisch auf 1:1. Fans beklagen, dass die Spannung dahin ist.

Und so kam es zu dem Leak: Ein Mitarbeiter der Notarkanzlei Jansen&Heck, die traditionell die Ergebnisse der Bundesliga verwahrt, schickte gestern offenbar versehentlich ein Fax mit den Endständen des ersten Spieltags (13. bis 15. August 2021) an eine Autowerkstatt in Bochum.

Von dort gelangte das Schriftstück ins Internet, wo es innerhalb kurzer Zeit unter dem Hashtag #bundesleaka tausendfach auf Twitter, Facebook und Co. geteilt wurde.

DFB-Präsident Rainer Koch zeigte sich zerknirscht: »Das ist natürlich sehr ärgerlich.« In 59 Jahren Bundesliga-Geschichte habe es so einen Fall noch nie gegeben. »Wir prüfen, ob wir den gesamten Spieltag oder wenigstens einzelne Spiele noch rechtzeitig umskripten können. Ich befürchte aber, dass dadurch der gesamte Saisonverlauf durcheinanderkäme. Es bleibt also wohl bei diesen Ergebnissen.« Für die übrigen 33 Spieltage versprach Koch absolute Diskretion.

Versucht die Wogen zu glätten: DFB-Chef Rainer Koch

Bei den Erstligavereinen zeigt man sich bislang von dem Leak unbeeindruckt. Alle Ligateilnehmer erklärten unabhängig voneinander, den jeweiligen Spielverlauf wie geplant im Training einzustudieren. »Solang wir nix anderes vom DFB hören, machen wir weiter«, erklärt Bayern-Coach Julian Nagelsmann, dessen Team bereits heute Abend in der ersten Partie gegen Borussia Mönchengladbach planmäßig unentschieden spielen wird. »Verdammt noch mal, Leroy! Du musst bei Roberts Elfer in der 79. so früh in den Strafraum rennen, dass er ungültig wird und dein anschließender Treffer nicht zählt! Ist das denn so schwer?«

Die Spannung in der Bundesliga sieht Nagelsmann durch die Datenpanne nicht gefährdet. »Es ist ja nach wie vor nicht klar, wann genau die Tore fallen werden«, erklärte er dem Postillon. »Also außer dem aberkannten Elfer jetzt in der 79., und der ist ja streng genommen kein Tor. Für die Zuschauer wird es letztlich genauso packenden Fußball zu sehen geben wie immer.«

Tatze schlich: Tiger war wirklich nicht zu hören

Brüllt die Kinder morgens aus dem Schlaf: KiKA präsentiert »Weckmann« als Gegenstück zum Sandmännchen

Erfurt (dpo) – Der von ARD und ZDF betriebene Kinderkanal KiKA baut sein Angebot weiter aus: Ab Montag früh geht mit »Dein Weckmann« eine neue, als Gegenstück zu »Unser Sandmännchen« konzipierte Sendung an den Start. Dabei brüllt ein kleines bärtiges Männchen mit Zipfelmütze die Kinder unsanft aus dem Schlaf und droht mit Konsequenzen, wenn sie nicht bald aufstehen.

»Millionen Kinder und Eltern kennen und schätzen das Sandmännchen und haben es zum festen Ritual vor dem Zubettgehen gemacht«, so eine KiKA-Sprecherin. »Jetzt gibt es endlich auch das morgendliche Gegenstück. Schalten Sie in der Früh im Kinderzimmer den Weckmann an und Ihr Kind ist innerhalb von Sekunden quicklebendig.«

Zu Beginn jeder rund fünfminütigen Sendung schüttet die Titelfigur einen Eimer Wasser über allen schlummernden Kindern aus, bevor zu ohrenbetäubender Death-Metal-Musik das Lied der Sendung erklingt (»Weckmann, lieber Weckmann, jetzt mach nicht so 'nen Stress!«), woraufhin der Weckmann mit einer Schimpftirade beginnt und aufzählt, was schläfrigen Kindern für schlimme Dinge widerfahren.

Im weiteren Verlauf sehen und hören die Kinder dann munter machende Sachgeschichten über spannende Gegenstände wie Nebelhörner, Presslufthämmer oder Alarmsirenen, bevor der Weckmann das Programm mit einer Trillerpfeife beendet.

»Dein Weckmann« ist ab Montag, dem 30. August, täglich um 5.15 Uhr auf KiKA sowie in der Online-Mediathek zu sehen.

Frechheit! Haribo halbiert Flascheninhalt von Happy Cola, ohne den Preis anzupassen

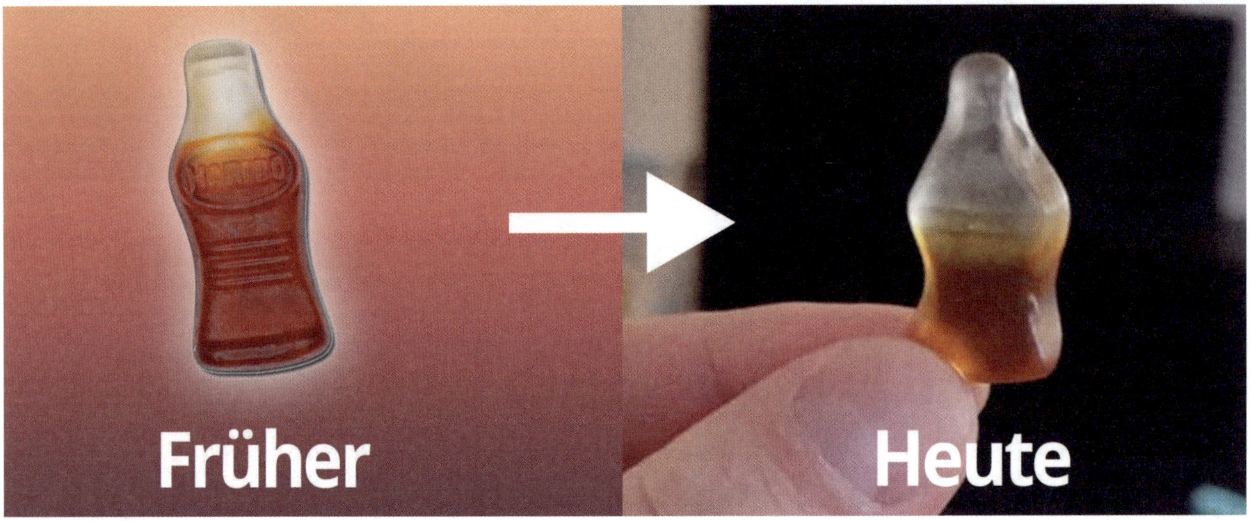

Bonn (dpo) – Zockt Haribo seine Kunden ab? Wie Verbraucherschützer melden, hat der Süßigkeitenhersteller den Inhalt seiner Colaflaschen »Happy Cola« um nahezu die Hälfte reduziert. Der Preis jedoch ist immer noch der gleiche. Fans der Marke sind schwer enttäuscht.

»Man sieht ganz genau, dass die Colafläschchen nur noch bis knapp unter den Eichstrich im Mittelteil der Flasche gefüllt sind, während die Cola früher bis knapp unter den Flaschenhals reichte, wie es bei Getränken üblich ist«, erklärt ein Sprecher des Verbraucherschutzvereins Foodwatch.

Durch diese Änderung spart Haribo jährlich einen mutmaßlichen Millionenbetrag. »Es kostet den Hersteller natürlich viel weniger, nur halb so viel Cola in die Fläschchen zu füllen«, so der Sprecher weiter.

Und das sorgt für Empörung: »Das ist an Dreistigkeit kaum zu überbieten«, ärgert sich etwa Susanne Buhr, die seit Jahren treue Haribo-Kundin ist. »Wie die denken konnten, wir merken das nicht, ist mir ein Rätsel. Wie soll man denn so noch seinen Durst stillen? Die Fläschchen sind ja sowieso schon lächerlich klein.«

Wir haben bei Haribo angefragt, wie der niedrige Füllstand begründet wird. Eine Stellungnahme steht derzeit noch aus.

Für den Süßwarenkonzern dürfte es schon jetzt der größte Skandal sein, seit Ende der 90er-Jahre bekannt wurde, dass bei der Herstellung der berühmten »Haribo Goldbären« lediglich billiges Silber zum Einsatz kam.

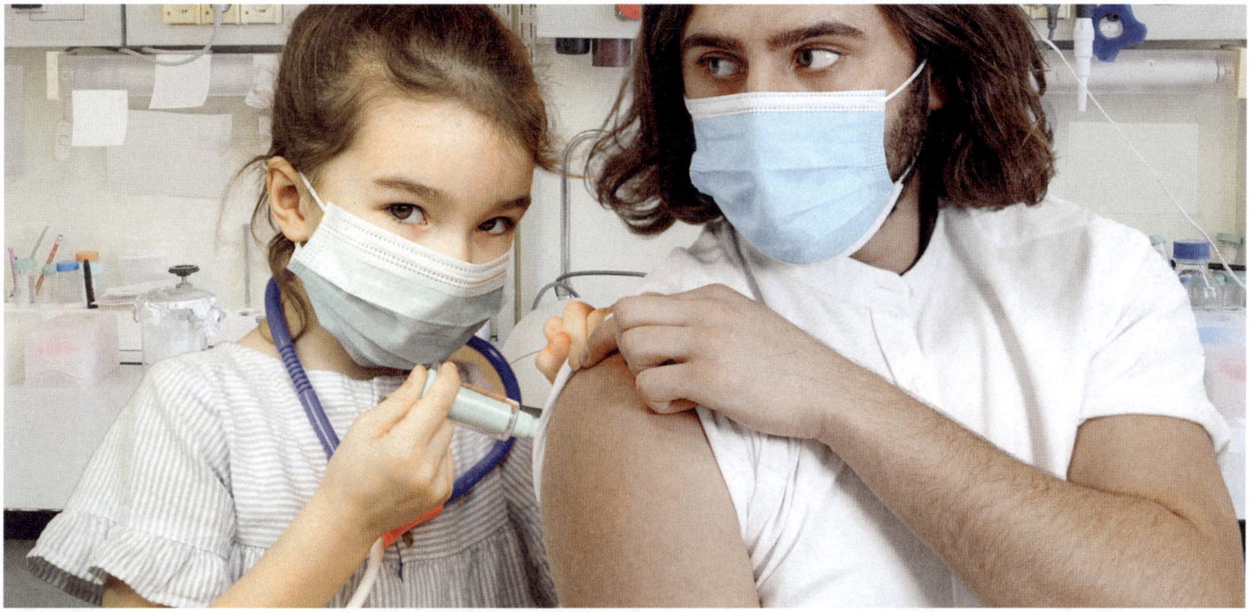

Können die das überhaupt?

Regierung will Kinder impfen lassen

Berlin (dpo) – Verlangt die Politik den Schwächsten in unserer Gesellschaft jetzt endgültig zu viel ab? Beim gestrigen Impfgipfel haben sich Ministerpräsidenten und Bundesregierung darauf geeinigt, künftig auch Kinder impfen zu lassen. Experten bezweifeln jedoch, dass die Kleinen dazu in der Lage sind.

»Ich hätte es befürwortet, wenn man Impfungen vorerst weiterhin erwachsenem Personal überlassen hätte«, kritisiert etwa Gesundheitsexpertin Marianne Wöhner den Beschluss der Regierung. »Die Kinder haben aktuell ohnehin genug um die Ohren, weil sie jede Menge Schulstoff nachholen müssen. Sie jetzt noch zum Impfen heranzuziehen, grenzt an Wahnsinn.«

Seitens der Regierung zeigt man sich dennoch von dem Konzept überzeugt. So habe ein Pilotprojekt mit fünf Kindern in einem Potsdamer Impfzentrum bereits zufriedenstellende Ergebnisse geliefert. »Es gab lediglich die üblichen Nebenwirkungen wie schmerzende Oberarme, Unterarme, Finger, Beine, Füße oder Ohrläppchen – je nach Einstichstelle«, so ein Sprecher des Gesundheitsministeriums. »Im Großen und Ganzen sind wir zufrieden. Wir müssen unserer Jugend eben auch mal was zutrauen!«

»Das war unangebracht von mir« – Steinmeier entschuldigt sich, dass er über Flutopfer redete, während Laschet Witze erzählte

Berlin (dpo) – Das hätte nun wirklich nicht sein müssen: Am Wochenende sorgten Bilder für Furore, auf denen zu sehen ist, wie Armin Laschet (CDU) Witze riss und lachte, während Bundespräsident Frank-Walter Steinmeier eine Rede hielt, in der er Flutopfer betrauerte und Rettungskräfte lobte. Nun gab es die dafür fällige Entschuldigung.

»Das war natürlich sehr unangebracht und tut mir wirklich leid«, erklärte Steinmeier zerknirscht. »Ich wollte Armin Laschet durch mein staatstragendes Gehabe auf keinen Fall beim Herumalbern stören und bedauere das sehr.«

Tatsächlich habe Steinmeier, der weiter vorne bei der Presse stand, nicht hören können, dass der Ministerpräsident Nordrhein-Westfalens im Hintergrund gerade so richtig aufdreht. »Hätte ich mitbekommen, dass Armin Laschet gerade hinter mir mehrere Knallerpointen zum Besten gibt und sich königlich amüsiert, hätte ich natürlich nicht über Flutopfer gesprochen. Das zieht ja alle nur runter.«

Für die Zukunft versprach Steinmeier, besser aufzupassen, damit nicht noch einmal der falsche Eindruck entstehen könnte, er wäre eine Spaßbremse.

Neuer Trend: Yoga-Bootcamps immer beliebter

Herne (dpo) – Mehrere Personen sitzen in unbequemen Posen im Schlamm. Dazwischen stehend: Ein Mann in Tarnkleidung mit Megafon, der immer wieder Einzelne anbrüllt: »EY, DU DA!«, herrscht er einen Mann mittleren Alters an. »SOLL DAS ETWA EINE KOBRA SEIN? DA KENNE ICH JA FÜNFJÄHRIGE, DIE DAS BESSER UND SCHNELLER HINKRIEGEN!« – diese Szene stammt aus einem Wochenend-Trainingsprogramm, das sich derzeit immer größerer Beliebtheit erfreut: ein sogenanntes Yoga-Bootcamp.

Erfunden wurde diese spezielle Trainingsform vom ehemaligen Bundeswehrausbilder und Fremdenlegionär Richard Keller.

»Ich hab irgendwann mal wegen Rückenschmerzen mit Yoga angefangen«, erzählt der 43-Jährige, während er gerade selbst ein Camp leitet. »UND JETZT ALLE IN DEN LOTUSSITZ UND ENTSPANNEN! GLEICHMÄSSIG ATMEN! SCHNELLER! SCHNELLER! SCHNELLER! Äh, wo waren wir? Ach ja: Ich fand das mit dem Yoga dann auch überraschend gut und hilfreich, aber was mir tierisch auf den Zeiger ging, das war eben diese ständige Schluffigkeit, die da herrscht. Und es fiel mir außerdem auch schwer, mich ordentlich zum Entspannen zu motivieren. Mir fehlte da jemand, der mich antreibt.«

Also machte er selbst eine Ausbildung zum Yogalehrer und startete sein erstes Bootcamp. »Hier verbinden wir den spirituellen und meditativen Ansatz von Yoga mit dem knallharten Drill des Militärs«, erläutert er seine Philosophie und herrscht eine keuchende, etwas übergewichtige Frau an: »SAG MAL, DU FAULE SAU! DAS IST DER BESCHISSENSTE HERABSCHAUENDE HUND, DEN ICH JE GESEHEN HABE, DA LACHT SICH JA JEDER CHIHUAHUA KAPUTT! LOS, ZUR STRAFE 30 MAL DEN KRIEGER!« Sie ringt kurz um Fassung, brüllt dann aber zurück: »JA, SIR! SOFORT, SIR! DANKE, SIR!« Dann bringt sie sich schnell in die entsprechende Pose.

Der Erfolg gibt Keller recht. Es seien vor allem Leute aus dem höheren Management und der Hochfinanz, die seine durchaus kostspieligen Kurse buchen, berichtet er. »Die haben nicht die Zeit, jede Woche ein paar Stunden Yoga zu machen, um sich vom Alltag zu entspannen. Hier bei uns, da schaffen sie an einem Wochenende genug Yoga für ein ganzes Jahr. Manche brauchen danach sogar nie wieder Yoga.« Er baut sich neben einem weiteren Bootcamp-Teilnehmer auf und schüttelt den Kopf: »JA NAMASTE, DU PFEIFE, DAS NENNST DU EINEN SONNENGRUSS??? DAMIT KANNST DU NICHT MAL DEN MOND GRÜSSEN!«

Die Yoga-Bootcamps laufen inzwischen so gut, dass Keller nach eigenen Angaben plant, sein Angebot zu erweitern. Derzeit entwickelt er ein Konzept für einen Lehrgang mit dem Arbeitstitel »Burn-out weg an nur einem Wochenende«.

Zuvor will er aber noch im kommenden Monat an den Internationalen Meisterschaften in der Zen-Meditation in Nepal teilnehmen: »Ich habe mich darauf so hart vorbereitet, ich werde die anderen einfach an die Wand meditieren!«

»Gott hat mir gesagt, ich soll den Kindesmissbrauch vertuschen. Gott war doch der rote Typ mit den Hörnern, ne?«

Ein Kommentar von Benedikt XVI.

»1900 Seiten Schande«, titelt *Der Spiegel* über das neue Gutachten, das auch mich, den deutschen Papst, belastet. Ich soll in meiner Zeit als Erzbischof an der Vertuschung von Kindesmissbrauch mitgewirkt haben.

Nun gut! Ich hatte mich bereits auf meinen Lebensabend in meiner Gruft im Petersdom gefreut, doch nun sehe ich mich gezwungen, einige Dinge klarzustellen. Ich will ja gar nichts leugnen. Doch: Der Befehl, Straftäter zu decken, wurde von ganz oben, von Gott persönlich, an mich herangetragen.

Er erschien mir eines Tages, gebieterisch auf seinen Hufen einherstolzierend, die Hörner glänzten prächtig im Feuerschein des Portals, aus dem er hervorgetreten war. »O großer allmächtiger Gott, was hast du nur für eine rote Haut bekommen?«, rief ich ihm noch zu, denn ich hatte ihn ganz anders in Erinnerung. Doch auch ich als Papst weiß, dass die Wege des Herrn unergründlich sind – zu Recht kassierte ich für diese Frage eine kräftige Watschn vom Allmächtigen, während Rauch aus seinen Nasenlöchern quoll.

»Ratzinger, mein Geselle! Siehst du denn die schrecklichen Verbrechen in euren Reihen nicht?«, herrschte mich der Herr der himmlischen Heerscharen an und sein gezackter Schweif hob sich bedrohlich. »Ja, o Herr, ich sehe sie, doch sie sind wirklich sehr unangenehm, und wenn da jetzt die Polizei ermittelt, ist das nicht gut fürs Image!«, entgegnete ich mit zitternder Stimme und blickte Gott tief in die roten Augen. »Herr, ich weiß ja, was richtig ist und dass wir das anzeigen müssten, aber muss es denn wirklich so sein? Gibt es nicht einen besseren Weg?«

Da hob Gott triumphierend seinen Dreizack in die Höhe. »Mein lieber Ratzinger, es ist doch ganz einfach: Halt schön das Maul und verpetze bloß keinen Kollegen! Versetze sie stattdessen einfach an eine andere Stelle, wo keiner davon weiß, was sie alles auf dem Kerbholz haben! Problem gelöst!« Nach diesem guten Rat bot mir unser gnädiger Gott noch etwas gebratenes Kleinkind an, von dem er gerade aß.

»Wieder einmal hast du mir in dunkler Stunde beigestanden«, dankte ich meinem Erlöser, bevor ich mir genüsslich die Finger leckte. »Gepriesen seist du, Herr! Hosianna!«

Bevor er durch sein Feuerportal wieder hinab in den Himmel stieg, gab mir Gott noch einen letzten Tipp: »Du solltest öfter mal ins Weihwasser pissen, das ist echt geil.«

Auch hier folge ich seitdem dem göttlichen Rat meines Herrn, denn sein Wort währet ewiglich.

Wer also über meine Taten schlecht redet, der redet schlecht über Gott. Und das, meine lieben Gläubigen, wäre ein Verstoß gegen das zweite Gebot. Ich hoffe, damit sind alle Vorwürfe aus der Welt geschafft.

Ich bete natürlich weiterhin für die Opfer.

Enterich?: Größenwahnsinniger Erpel erwägt Schiffskaperung

Neuer Plagiatsvorwurf: Hat Baerbock ihren Nachnamen von zwei Tieren abgeschrieben?

Berlin (dpo) – Sie kommt aus den Negativschlagzeilen einfach nicht mehr raus: Die Plagiatsanschuldigungen rund um ihr Buch hallen noch durch die Medien, da steht schon der nächste Verdacht gegen Annalena Baerbock im Raum: Mehrere Plagiatsjäger beschuldigen die Spitzenkandidatin der Grünen, ihren Nachnamen ohne Quellenangabe von zwei Tieren abgeschrieben zu haben.

»Es scheint, als habe sie bei der Suche nach einem Nachnamen einfach zwei bestehende Tiernamen, nämlich ›Bär‹ und ›Bock‹ genommen und diese zusammengesetzt«, so Plagiatsjäger Stefan Weber. »Und das, ohne es irgendwie kenntlich zu machen oder wenigstens in einer Fußnote darauf hinzuweisen.«

Das Plagiat habe Baerbock laut Weber dabei auch noch auf dilettantische Weise verschleiert. »Sie schreibt sich mit ›ae‹ statt ›ä‹. Sie hoffte wohl, dass ihre Kopie mit diesem Taschenspielertrick nicht sofort auffällt.«

Doch wie fühlen sich die Betroffenen? Der Postillon hat einen Bären und einen Bock mit den Vorwürfen gegen Baerbock konfrontiert. Und tatsächlich: Beide scheinen es der Spitzenkandidatin der Grünen übel zu nehmen. Während der Bär missmutig brummte, meckerte der Bock ausgiebig.

Angesichts dieser neuen Vorwürfe dürfte es nur noch eine Frage der Zeit sein, bis sich die Grünen von ihrer Spitzenkandidatin trennen.

Erste Drive-in-Schule ermöglicht Eltern, ihr Kind mit dem Auto zum Klassenzimmer zu bringen

Hameln (dpo) – Wie praktisch! In Hameln hat heute die bundesweit erste Drive-in-Schule eröffnet. In der Ralf-Schumacher-Gesamtschule können Eltern ihre Kinder ab sofort direkt vor dem jeweiligen Klassenzimmer abliefern. Möglich machen es zahlreiche bauliche Anpassungen sowie eine detaillierte Verkehrsbeschilderung.

»Wir kommen damit den Helikoptereltern von heute entgegen, die ihr Kind mit dem Auto zur Schule fahren, auch wenn sie nur eine Straße weiter wohnen«, erklärt Schuldirektorin Karla Bechtel bei der feierlichen Eröffnung. »Viele von ihnen haben Sorgen geäußert, dass ihrem Kind nach dem Verlassen des Fahrzeugs auf dem gefährlichen Weg vom Schuleingang bis zum Klassenzimmer etwas passieren könnte.«

Darum ist das Schulhaus komplett auf Pkw-Verkehr eingestellt. Neben einer Zufahrtsrampe und Gängen, die breit genug sind, dass sich zwei SUVs problemlos passieren können, wurden auch Verkehrsschilder sowie an den wichtigsten Kreuzungen Ampeln aufgestellt.

Von den Eltern wird das Modell gut angenommen, auch wenn zu den Stoßzeiten zu Schulbeginn und nach Schulschluss oft Stau herrscht. »Manche Mütter fahren daher gar nicht erst heim, sondern warten gleich mit laufendem Motor vor dem Klassenzimmer, bis die Schule aus ist«, so Bechtel. »Das Mittagessen holen sie dann auf dem Heimweg direkt bei einem McDrive.«

Ansonsten ist alles in der Ralf-Schumacher-Gesamtschule wie in anderen Schulen auch. Nur das gelegentliche Gehupe auf den Gängen störe manchmal, so ein Schüler. Und auch dass schon drei seiner Klassenkameraden auf dem Weg zur Toilette überfahren wurden, trübe die Stimmung.

Was die gefürchtete Feinstaub- und Stickoxidbelastung angeht, ist die Schule jedoch vorbildlich: Laut der Messstation im Schulgarten ist die Luftqualität in der Ralf-Schumacher-Gesamtschule durchweg fabelhaft.

Steckt bis zum Hals in Schmierigkeiten: Polizei befreit Raffinerie-Einbrecher aus Öltank

Rekordverdächtig: Motorradfahrer kann 54 Insektenarten am Geschmack erkennen

Koblenz (dpo) – So gut wie er kennt sich keiner aus: Arno Kämmerer aus Koblenz kann mehr als 50 Insektenarten allein an ihrem Geschmack erkennen. Sein besonderes Talent habe er durch Zufall entdeckt, so der passionierte Motorradfahrer, der heute offiziell ins Guinness-Buch der Rekorde aufgenommen wurde.

»Genau 54 Arten sind es aktuell, wenn man die Schmeißfliegen-Unterarten einzeln zählt«, erklärt Kämmerer stolz, während eine Prüferin von Guinness World Records bereitsteht, um seine Fähigkeiten einem ausführlichen Test zu unterziehen.

Der 38-Jährige lässt sich die Augen verbinden und öffnet den Mund, während die Guinness-Mitarbeiterin aus einem von 54 vorbereiteten Gefäßen ein kleines Insekt hervorholt und ihm auf die Zunge legt.

Kämmerer kaut ein wenig darauf herum und sagt dann: »Okay, das war ja einfach! Culex pipiens, die gemeine Stechmücke.« Er nimmt einen Schluck Wasser. »Gern das Nächste jetzt.«

Das scheint schon ein wenig anspruchsvoller: »Hmm … leicht nussiger Geschmack … Ich kann mit der Zunge Beine spüren … Marienkäfer wahrscheinlich … aber ist es ein asiatischer oder ein heimischer … Hmm … Ich schmecke da noch so eine feine Sandelholznote … Ich lege mich fest: Harmonia axyridis, ein asiatischer Marienkäfer. Stimmt's?«

Eine Stunde später steht der Rekord – somit wird Kämmerer in der nächsten Auflage des Guinness-Buchs der Rekorde stehen. Geübt hat der Koblenzer für seine Leistung nach eigenen Angaben nicht. »Dafür hätte ich auch gar keine Zeit, weil ich so viel Motorrad fahre«, erklärt er. »Ich hab nur im Nachhinein die Fachbegriffe auswendig gelernt. Diese Fähigkeit kam irgendwie von ganz alleine.«

Vor Kämmerer wurde der Rekord sechs Jahre lang von einer Marathonläuferin aus Ungarn gehalten, deren Trainingsstrecke an einem Fluss entlangführt.

Alles muss raus: Apotheker verramscht Abführmittel

Verdacht auf Kinderarbeit: Käpt'n Iglo festgenommen

Hamburg (dpo) – Nach mehreren Hinweisen aus der Bevölkerung hat die Polizei heute im Hamburger Hafen einen 73-jährigen Mann festgenommen. Er steht im dringenden Verdacht, auf seinem Schiff zahlreiche Kinder als illegale Arbeitskräfte in der industriellen Fischstäbchenfischerei und -herstellung beschäftigt zu haben. Im Falle einer Anklage droht ihm eine mehrjährige Haftstrafe.

Insgesamt 58 Kinder beschäftigte der Mann, der sich selbst den Beamten als »Käpt'n Iglo« vorstellte, auf seinem 40 Meter langen Fangschiff. Dort mussten sie nicht nur sämtliche Aufgaben an Deck übernehmen, sondern auch im großen Stil Seelachs fangen und unter Deck zu Tiefkühlfischstäbchen verarbeiten. Werbevideos zufolge soll der Mann dieses ausbeuterische System bereits seit den Achtzigerjahren betrieben haben.

Entlohnt wurden die Kinder für ihre Schwerstarbeit lediglich in Form von Fischstäbchen, die ihnen dreimal täglich serviert wurden. Viele der Kinder hatten wegen der einseitigen Ernährung bereits Anzeichen von Skorbut.

Zudem mussten sie regelmäßig unentgeltlich in Imagefilmen für »Käpt'n Iglo« mitwirken, in denen ein übertrieben idyllisches Leben an Bord dargestellt wurde. Besonders zynisch: Obwohl sie selbst den Großteil der Arbeit verrichteten, mussten die Minderjährigen in diesen Videos Texte singen wie: »Käpt'n Iglo! Er kommt von weit her übers Meer und bringt uns unseren Fisch hierher.«

Ein Sprecher der Staatsanwaltschaft Hamburg findet klare Worte: »Diese Filme müssen Millionen gesehen haben. Warum ist so lange niemand auf die Idee gekommen, diesen Mann anzuzeigen? Da muss man doch stutzig werden, wenn jemand eine Crew aus Kindern beschäftigt!«

Noch sind die Behörden dabei, das gesamte Ausmaß der Straftaten von Walter Birdseye, wie »Käpt'n Iglo« mit bürgerlichem Namen heißt, zu ermitteln. Als sicher gilt jedoch bereits, dass er über kein Kapitänspatent verfügt und somit überhaupt nicht zum Führen eines Schiffes berechtigt war.

Die geretteten Kinder befinden sich derzeit in der Obhut des Jugendamts – dort versucht man nun mit Hochdruck, die jeweiligen Eltern ausfindig zu machen. Was mit den etwa 500 000 Fischstäbchen an Bord passieren soll, ist noch unklar.

Nach Flut im Ahrtal: Union und FDP werfen Umwelt vor, Wahlwerbung für die Grünen zu machen

Berlin (dpo) – Fairer Wahlkampf geht anders! Nach mehreren Fällen von Extremwetter, Unglücken bei der Förderung fossiler Brennstoffe und durch den Klimawandel hervorgerufenen Katastrophen beklagen sich Politiker von CDU/CSU und FDP, dass die Umwelt Wahlwerbung für die Grünen macht.

»Das ist doch schon sehr verdächtig, dass diese Ereignisse alle ausgerechnet in einem Wahljahr stattfinden«, so CDU-Kanzlerkandidat Armin Laschet. »Das lässt uns mit unseren viel zu geringen Bemühungen im Umweltbereich schlecht dastehen und spielt stattdessen den Grünen direkt in die Hände.«

Ähnlich sieht das FDP-Politiker Wolfgang Kubicki. »Die Natur sollte neutral sein und keine Partei bevorzugen. Ich werde bei den zuständigen Stellen Beschwerde einlegen.«

Zuvor wurden innerhalb weniger Wochen Rekordtemperaturen von über 49 Grad Celsius in Kanada gemessen, der Golf von Mexiko stand nach einem Gaspipeline-Unglück in Flammen, vielerorts wüten Waldbrände, in mehreren deutschen Städten kam es zu Überschwemmungen, schwerem Hagel und Sturmschäden. Zudem fegte ein tödlicher Tornado durch Tschechien und hinterließ eine Schneise der Verwüstung.

Damit Wählerinnen und Wähler in ihrer Wahlentscheidung nicht zugunsten der Grünen beeinflusst werden, fordern Union und FDP die Umwelt auf, sämtliche Katastrophen, Hitzewellen und Extremwetterereignisse auf die Zeit nach dem 26. September 2021 zu legen.

27 Fakten über Kaffee, die Sie

Ohne dieses Getränk würde in Deutschland wahrscheinlich nichts laufen: Kaffee gehört für viele Menschen fest zum Tagesablauf. Doch wie gut kennen Sie eigentlich das beliebte Gebräu? Hier sind 27 spannende Fakten über Kaffee, die Sie garantiert noch nicht kannten:

1. Legt man ein Stück Zucker über Nacht in Kaffee ein, so löst es sich auf.

2. Bis ins späte 18. Jahrhundert trank man Kaffee durch das linke Nasenloch.

3. Erfunden wurde Kaffee im Jahr 987 vom arabischen Arzt Nāṣir al-Tammar, der von der Arbeit so übermüdet war, dass er nicht bemerkte, dass er stundenlang auf ein paar Kaffeebohnen saß. Als er seine vom Kaffeestaub geschwärzte Hose in heißem Wasser auswaschen wollte, rutschte er so unglücklich ab, dass er mit dem Gesicht im Zuber landete und dabei versehentlich einen tiefen Schluck nahm. Sofort fühlte er sich wieder hellwach und konnte weiterarbeiten. Leider wurde er wegen Erregung öffentlichen Ärgernisses verhaftet, weil er noch immer keine Hose anhatte.

4. Die tödliche Dosis Kaffee liegt theoretisch bei 100 Tassen, aber bislang haben alle, die es versucht haben, nur genau 99 geschafft.

5. Es gibt zwei Kaffeehauptgruppen: Arabica und Punica.

6. 1939 stellte der Verband der US-amerikanischen Kaffeehändler den braun kostümierten »Bean Lad« (»Bohnenkerl«) als Konkurrenz zum rot gekleideten Weihnachtsmann des Coca-Cola-Konzerns vor. Der Bean Lad, der Kindern Espresso kochte und stets Kaffeebohnen kaute, konnte sich jedoch nicht durchsetzen.

7. Angela Merkels Lieblingskaffee ist pommerscher Kartoffelkaffee mit Speckwürfeln.

8. In der nordischen Mythologie gibt es keinen Kaffee, weil Odin laut der

garantiert noch nicht kannten

Edda nie seine Senseo-Maschine entkalkte.

9. Wer seinen Kaffee immer mit Milch trinkt, hat meist starken Haarwuchs im Gehörgang.

10. Israelische Forscher haben 1994 herausgefunden, dass Kaffee, den man mit Balsamico statt mit Wasser braut, verdammt eklig schmeckt.

11. Lässt man Kaffee für vier Stunden in der Sonne stehen, verwandelt er sich in Espresso.

12. Wer in Italien einen Espresso mit Rohrzucker bestellt, wird traditionell von der Bedienung mit einem heißen Waschlappen geohrfeigt.

13. Trinkt man Kaffee aus einem Automaten, der auch Gulasch anbietet, schmeckt er doppelt so gut.

14. Cappuccino spricht man korrekt »Tschapukino« aus.

15. In Deutschland sagt man Kaffee und Koffein, während es im Englischen coffee und caffeine heißt. Im Niederländischen wiederum spricht man von Gouda und Fahrrädern, weil es dort keine anderen Themen gibt.

16. Jesus trank keinen Kaffee. Stattdessen verwandelte er ihn in Sprite.

17. Schlaffe Giraffen tranken in Jaffa zur Straffung meist Kaffee aus Saftkaraffen, bis bewaffnete Gaffer sie abschafften.

18. Die menschliche Zunge kann Kaffee nicht von Sauerkrautsaft unterscheiden.

19. Frettchen trinken täglich 23 Liter Kaffee.

20. Der weltweit größte Kaffeeproduzent ist 1,97 Meter groß.

21. Wenn man beim Kaffeetrinken gleichzeitig ganz tief Luft holt, verschluckt man sich sehr leicht.

22. Laut Duden gibt es zwei korrekte deutsche Schreibweisen für das beliebte Heißgetränk: Kaffee und Café. Entgegen allgemeinem Irrglauben zählt »Toffifee« nicht dazu.

23. Laut einer von Tchibo in Auftrag gegebenen Studie macht Kaffee nicht süchtig.

24. Wer seinen Kaffee schwarz trinkt und dabei erwischt wird, muss bis zu 30 Euro Bußgeld zahlen.

25. Der spanische Künstler Salvador Dalí trank nur Kaffee, der aus seinen eigenen Tränen gebraut war.

26. Beamte bestehen zu 48 Prozent aus Kaffee.

27. Kaffeeflecken gehen am besten mit Milch und Zucker raus.

Aus Taverne: Mann hört Schreie von weit weg gelegenem italienischem Wirtshaus

»Bild«-Zeitung muss künftig im Sondermüll entsorgt werden

Berlin (dpo) – Nach Appellen von Umweltexperten ist heute die Abfallverzeichnis-Verordnung (AVV) ergänzt worden, die festlegt, wie Abfälle entsorgt werden müssen. Das teilte die Arbeitsgemeinschaft der Sonderabfall-Entsorgungs-Gesellschaften der Länder (AGS) mit. Demnach müssen sämtliche Exemplare der »Bild«-Zeitung künftig in den Sondermüll gegeben werden.

»Aktuelle Analysen zeigen, dass der Inhalt der »Bild«-Zeitung mit seiner Mischung aus Hetze, Lügen und Kampagnenjournalismus inzwischen eine so hohe Toxizität angenommen hat, dass eine Entsorgung über den bei Zeitungen sonst üblichen Papiermüll nicht mehr akzeptabel ist«, heißt es in einem Gutachten.

Aus demselben Grund wird auch dringend davon abgeraten, das Blatt in den Biomüll zu werfen. »Ja, Exkremente dürfen normalerweise durchaus auf den Kompost, aber in diesem Fall ist die Konzentration einfach zu hoch. Böden droht Eutrophierung, Grundwasser ist gefährdet«, erklärt AGS-Sprecher Lars Heudeck. »Grundwassergefährdung ist übrigens auch der Grund, warum wir vom Upcycling der ›Bild‹-Zeitung zum Klopapier dringend abraten. Hinzu kommt die Gefahr von Hautirritationen und Analvergiftungen.«

Stattdessen müssen Leser des Blattes alte Ausgaben künftig zur nächstgelegenen Sondermülldeponie bringen, wo die »Bild«-Zeitung gegen eine Gebühr von 10 Euro pro Ausgabe fachgerecht entsorgt werden kann.

Hier wird das Blatt in seine Einzelteile zerlegt und sortiert. Weniger toxische Bereiche wie der Sportteil, Werbeflächen oder die Stellenanzeigen können wieder in den normalen Recyclingkreislauf gegeben werden.

Der Rest wird fein säuberlich in »Post von Wagner«, »Kommentare von Julian Reichelt«, »Lügen zugunsten des Kapitals«, »NATO-Kriegspropaganda«, »Hetze gegen Ausländer«, »Hetze gegen Arbeitslose«, »Persönlichkeitsrechtsverletzungen«, »Schleichwerbung«, »Selbstjustiz«, »Sexismus« und »anderen Dreck« sortiert, in Fässer gepackt und dann in einem alten Salzstollen gelagert.

Hat die Nase voll: Mann mit Dauerschnupfen beim Arzt

Zu Guttenberg stinksauer: »Giffeys Plagiatsaffäre ist komplett von mir abgekupfert!«

Berlin (dpo) – Droht Franziska Giffey kurz nach ihrem Rücktritt als Familienministerin neuer Ärger? Karl-Theodor zu Guttenberg wirft der SPD-Politikerin vor, ihn in nahezu ihrer gesamten Doktortitelaffäre bis hin zu ihrem Rücktritt plagiiert zu haben, ohne ihn auch nur ein einziges Mal zu zitieren.

»Ein junges Politiktalent, Plagiatsjäger im Internet, die Fehler aufdecken, Untersuchungen seitens der Uni und letztlich der peinliche Rücktritt vom Ministeramt: Wo haben wir das alles schon mal gehört?«, fragt ein sichtlich empörter zu Guttenberg im Gespräch mit dem Postillon. »Ich sag's Ihnen gerne. Diese ganze Geschichte hat Franziska Giffey fast 1:1 von mir übernommen. Ohne eine einzige Quellenangabe! Ohne eine einzige Fußnote!«

Zu Guttenberg zeigte sich regelrecht schockiert über die unfassbare Dreistigkeit, mit der sich Giffey bei seiner eigenen Dreistigkeit bedient hat: »Sie hat sogar zwischendurch ihren Doktortitel freiwillig ruhen lassen. Genau wie ich!«

Stellenweise habe sich Giffey sogar wortwörtlich bei zu Guttenberg bedient. So sagte zu Guttenberg 2011: »Ich habe die Arbeit nach bestem Wissen und Gewissen angefertigt.« Giffey wiederum erklärte 2019: »Ich habe diese Arbeit nach bestem Wissen und Gewissen geschrieben.« Ein eindeutiges Plagiat!

Zu Guttenberg stellt klar: »Ich habe selbstverständlich kein generelles Problem mit Übernahmen. Sie sind zum Teil im akademischen Bereich durchaus üblich. Aber sie sollte diese ganzen Sachen nicht als ihre eigenen Gedanken und Schlussfolgerungen ausgeben, sondern ihre Quellen nennen. Alles andere ist unredlich!«

Giffey selbst hat sich bislang noch nicht zu den harten Anschuldigungen zu Guttenbergs geäußert. Aus ihrem Umfeld heißt es jedoch, die Ex-Ministerin habe ihre Plagiatsaffäre zeitweise auf mehr als 80 Datenträgern gespeichert und sei womöglich mit den Quellen durcheinandergekommen.

Aufgrund der großen Ähnlichkeiten fordert zu Guttenberg nun eine unabhängige Überprüfung von Giffeys Plagiatsaffäre: »Sollte sich bewahrheiten, dass sie sich bei mir bedient hat, ist ihr der Rücktritt sofort abzuerkennen.«

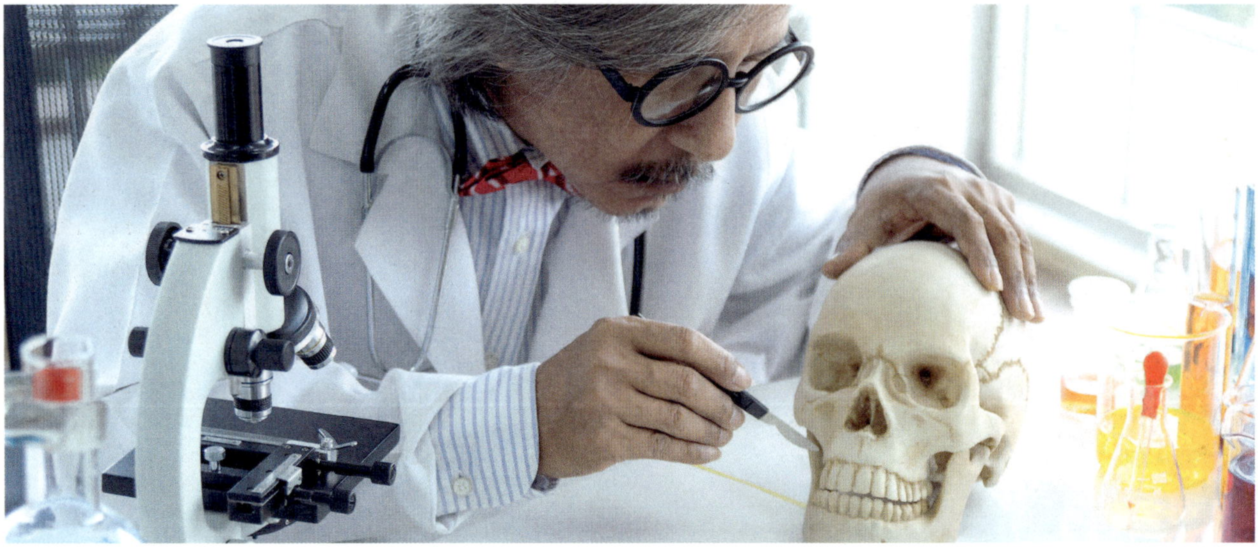

Wissenschaftler finden heraus, dass Totenschädel immer grinsen, weil tot sein voll Spaß macht

Tokio (dpo) – Woher kommt das charakteristische Grinsen von Totenschädeln? Über diese Frage zerbrach sich die Wissenschaft lange den Kopf. Forscher der Universität Tokio haben nun herausgefunden, dass Totenschädel einfach nur fröhlich sind, weil es wahnsinnigen Spaß macht, tot zu sein.

Für die Studie wurde die Laune von 500 Totenschädeln zunächst mithilfe eines automatischen Mimik-Erkennungsprogramms ausgewertet und anschließend mit dem durchschnittlichen Gemütszustand ihrer Besitzer zu Lebzeiten auf Fotos verglichen.

»Der durchschnittliche Totenschädel lächelt, grinst und freut sich pro Tag im Schnitt 108-mal so häufig wie ein lebender Mensch«, erklärt Professor Ouchi Takuya. »Daraus lässt sich nur schließen, dass tot sein einfach klasse ist.«

Die Wissenschaftler stellten außerdem fest, dass keiner der Totenschädel Anzeichen zeigte, dass die Freude irgendwann nachlässt. »Bei lebenden Menschen zeigt sich auch bei Aktivitäten, die ihnen eigentlich gefallen, früher oder später ein gewisser Gewöhnungseffekt.« Tote Menschen blieben jedoch praktisch bis zu ihrem kompletten Verfall stets gleich fröhlich.

Warum tot sein solch einen euphorisierenden Effekt hat, ist bislang völlig unbekannt. Die Forscher vermuten jedoch einen Zusammenhang zu der Tatsache, dass Totenschädel in der Regel keine Augen mehr haben, um Beiträge in sozialen Medien zu sehen.

Allerdings hat die Dauerfreude bisweilen auch Nachteile. So wurden 33 der 500 Testschädel im Verlaufe der Studie von Forschern verprügelt, weil sie ständig so doof gegrinst haben.

Von wegen neutral! Schweizer Fans feuerten ständig eigene Mannschaft gegen Frankreich an

Bukarest (dpo) – Sind das noch echte Eidgenossen? Beim EM-Achtelfinalspiel gegen Frankreich warfen gestern Tausende Schweizer Fans ihre viel gerühmte Neutralität über Bord und jubelten schamlos für die eigene Nationalmannschaft. Dem Ansehen der Schweiz dürften sie damit einen immensen Schaden zugefügt haben.

»Die Schweiz brüstet sich gern auf dem internationalen Parkett mit ihrer Neutralität«, erklärt Politikwissenschaftler Bernd Oeding. »Umso skandalöser ist es, dass Schweizer Fans gestern hemmungslos für die eigene ›Nati‹ jubelten und für die französische Elf nur Pfiffe und Buhrufe übrig hatten. Was ist daran bitte neutral?«

Bilder zeigen zudem, dass nahezu alle im Stadion anwesenden Schweizer Trikots der eigenen Nationalmannschaft trugen – französische Trikots waren kaum im Schweizer Fanblock zu sehen.

Dass die Franzosen von diesem untypischen Verhalten eingeschüchtert waren und den Sieg am Ende aus der Hand gaben, ist wenig verwunderlich. »Klar, streng genommen ist das erlaubt, da kann auch die UEFA nichts machen«, so Oeding. »Aber der Ruf der Schweiz als neutrales Land dürfte seit gestern für immer ruiniert sein.«

Tatsächlich sind erste Folgen des parteiischen Auftretens der Schweizer Fans bereits ersichtlich: Die Vereinten Nationen, die Weltgesundheitsorganisation, die Welthandelsorganisation, das Weltwirtschaftsforum sowie zahlreiche andere internationale Organisationen, die bislang ihren Hauptsitz in der vermeintlich neutralen Schweiz haben, wollen nun einen Umzug prüfen.

Coronamaßnahmen: Jens Spahn kauft Luftfilter für Schulen im Wert von fünf Milliarden Euro

Berlin (dpo) – Diesmal will er der Pandemie einen Schritt voraus sein: In Anbetracht einer möglichen Corona-Infektionswelle im Herbst hat Gesundheitsminister Jens Spahn heute eine Großbestellung über Luftfilter im Wert von fünf Milliarden Euro aufgegeben. Mit den Filtern soll endlich wieder normaler Unterricht in deutschen Klassenzimmern möglich werden.

»Ich habe mir die Kritik, dass die Schulen nach 16 Monaten Pandemie immer noch nicht angemessen ausgestattet sind, zu Herzen genommen und gehandelt«, erklärte Spahn heute. »Dank der vom Bund bestellten Luftfilter kann nach den Sommerferien der Unterricht wieder problemlos stattfinden.«

Zuvor hatte Spahn den Luftfiltermarkt ganz genau sondiert. »Viele kosten 1000 bis 3000 Euro«, so Spahn. »Aber zum Glück habe ich dann über einen Parteifreund einen Händler vermittelt bekommen, der nur knapp 100 Euro pro Luftfilter verlangte. Inklusive Provision! Ein echtes Schnäppchen. Da habe ich direkt 50 Millionen bestellt.«

Die vom Gesundheitsministerium bestellten Luftfilter nutzen dabei eine fortschrittliche Technologie, die sonst vor allem im Automobilbereich zum Einsatz kommt. Virenbelastete Luft kann damit je nach Filterart in die Duftrichtungen »Erdbeer«, »Sportfrische« und »Neuwagen« umgewandelt werden.

Bald dürfte in jedem deutschen Klassenzimmer einer dieser Luftfilter baumeln. »Die Delta-Variante kann einpacken«, so Spahn. »Wir sind vorbereitet.«

Hatte keine Lust zu schreiben: Brieftaubenzüchter schickt Sprachnachricht via Papagei

Schweinfurt (dpo) – Es muss nicht immer ein Text sein: Weil er keine Lust hatte, eine komplette Nachricht zu schreiben, hat ein Brieftaubenbesitzer aus Schweinfurt heute mal wieder einen Papagei mit einer Sprachnachricht losgeschickt. Seit dem Aufkommen von Sprachnachrichten hält Heiner Kosiolek mehrere Dutzend der tropischen Vögel.

»Ja, Thomas, hallo! Hatte jetzt keinen Bock auf Schreiben und muss auch gleich weg, darum schnell als Sprachnachricht«, so Kosiolek zu dem Vogel. »Was du da über die Melinda geschrieben hast, find ich ja schon krass, ne! Die … sorry für den Lärm, da ist grad ein Hubschrauber vorbeigeflogen … jedenfalls wollte ich noch sagen, dass …« Nach rund vier Minuten schickt er den Vogel schließlich auf die Reise. »Wenn er gut fliegt, ist er morgen da.«

Kosiolek blickt dem Vogel lächelnd hinterher. »Ich bin wirklich ein großer Fan von Sprachnachrichten. Es ist einfach viel praktischer.«

Nur am Senden von Emojis feilt der 63-Jährige derzeit noch. »Bislang muss ich die noch auf Papier zeichnen und klassisch per Taube schicken«, erklärt er. »Ich habe leider derzeit keinen meiner Vögel so weit, auf Kommando die entsprechenden Grimassen zu schneiden. Außer beim Tauben-Emoji. Das bekommen die schon super hin.«

RATGEBER

Die 11 häufigsten Traum-Motive

Alles ist möglich, wenn wir träumen. Doch nicht jeder Traum ist einzigartig und bestimmte Motive kehren immer wieder. Der Postillon hat führende Psychologen, Traumdeuter und Schnarchzapfen zurate gezogen und präsentiert die elf häufigsten Traum-Motive und ihre Bedeutung:

Traum-Motiv: Ein Zebra stößt Sie die Kellertreppe hinunter, lacht dann irr und kopuliert anschließend mit Ihrer Mutter

Bedeutung: Dieses Traum-Motiv bedeutet, dass Sie hungrig sind und nach dem Aufstehen am besten direkt deftig frühstücken sollten.

Traum-Motiv: Ihre Zähne fallen aus

Bedeutung: Der Verlust von Zähnen gilt als eines der gängigsten Traum-Motive und bedeutet in der Regel, dass Sie in Ihrem ersten Leben ein Zahn waren.

Traum-Motiv: Sie müssen unfassbar dringend auf die Toilette

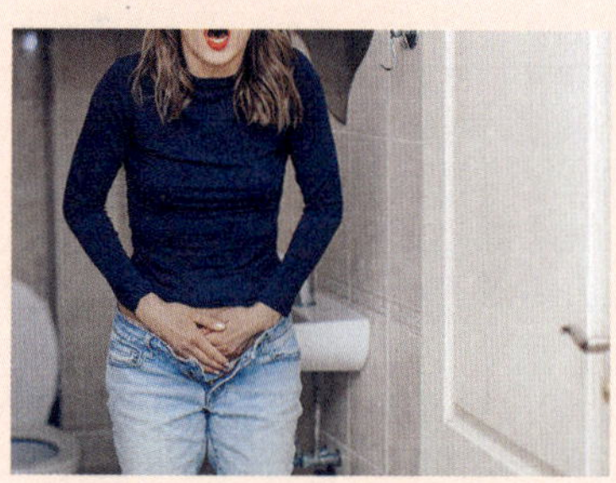

Bedeutung: Wer träumt, dass er unfassbar dringend auf die Toilette muss, verarbeitet meist ein reziprokisiertes Kindheitstrauma. Man darf nie unterschätzen, wie nahe Unterbewusstsein, Über-Ich, Unter-Ich, Schräg-Gegenüber-Ich und unser Alltagsbewusstsein verwoben sind. Wankt ein Aspekt unserer Seele, so kann alles aus dem Gleichgewicht geraten. Forschen Sie in Ihrer Kindheit. Wann haben Sie das erste Mal … ach nee, Quatsch! Dieser Traum heißt einfach, dass Sie aufs Klo gemusst hätten ... Oje, zu spät. Jetzt stehen Sie in einer riesigen Lache. Das tut uns echt leid. Da hätten wir eigentlich gleich draufkommen können.

Traum-Motiv: Sie bekommen ein Paket von DHL

und was sie bedeuten

Bedeutung: Sie bekommen ein Paket von Hermes.

Traum-Motiv: Sie werden von Friedrich Merz durch ein Labyrinth aus Menschenhaut verfolgt

Bedeutung: Sexuell erregende Träume sind völlig normal und kein Grund, sich zu schämen – vielmehr zeigen sie Ihnen, welchen Wünschen Sie vielleicht noch eher Raum geben sollten. Gehen Sie offen damit um und sprechen Sie gegebenenfalls mit ihrem Partner oder ihrer Partnerin darüber.

Traum-Motiv: Sie schlafen

Bedeutung: Sie sind mehr so der pragmatische Typ.

Traum-Motiv: Köstliches Gulasch

Bedeutung: Dieses Traum-Motiv ist einer der häufigsten Gründe für Sabberflecken auf dem Kopfkissen und bedeutet, dass Sie mindestens fünfmal pro Woche köstliches Gulasch kochen sollten.

Traum-Motiv: Sie schweben schwerelos in einem Raum voller Bücher

Bedeutung: Hören Sie mit den Drogen auf!

Traum-Motiv: Sie haben Versagensängste

Bedeutung: Dieser Traum deutet darauf hin, dass Sie sich gerade an Ihrem Arbeitsplatz befinden und dabei keine Hose tragen, während alle Anwesenden über Ihre Geschlechtsteile lachen. Höchste Zeit aufzuwachen!

Traum-Motiv: Große rosa Wiese mit masturbierenden rosa Elefanten

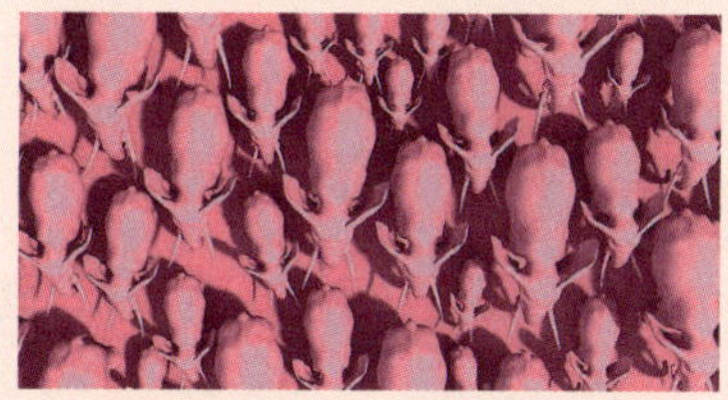

Bedeutung: Bei Ihnen ist alles in Ordnung. Das ist der häufigste Traum der Deutschen.

Traum-Motiv: Sie lesen eine Liste über Träume im Postillon

Bedeutung: Was für ein absurder Traum! Als würde der Postillon jemals auf derart schwachsinnige Clickbait-Listenartikel zurückgreifen. Der Postillon ist eine seriöse Zeitung und hat so etwas nicht nötig! Schämen Sie sich! Träumen Sie das nie wieder und holen Sie sich schleunigst ein Postillon-Minus-Abo!

Kann sich alles rausnehmen: Antiautoritär erzogenes Kind findet Keksdose

Nach Hochwasser in der Eifel: Seehofer verspricht Menschen in Katastrophengebieten künftig Warn-Fax

Berlin (dpo) – Nach dem verheerenden Hochwasser in Rheinland-Pfalz und Nordrhein-Westfalen mit über 170 Toten gibt es viel Kritik an der unzeitgemäßen Warninfrastruktur. Jetzt hat Innenminister Horst Seehofer (CSU) die Sache persönlich in die Hand genommen. Er verspricht, dass künftig alle Menschen in Katastrophengebieten ein Warn-Fax erhalten.

»Diese ganzen Warn-Apps wie NINA und Katharina oder wie die alle heißen sind gescheitert«, erklärte Seehofer (72). »Ich habe mir sagen lassen, dass viele die nicht auf ihren Handys installiert haben.« Ein Faxgerät hingegen sei in jedem Haushalt vorhanden, so der Innenminister.

Technisch funktioniert die Technologie denkbar einfach: Im Katastrophenfall wird per Hand oder Schreibmaschine eine Warnung verfasst, die dann in ein zentrales Faxgerät im Bundesamt für Katastrophenschutz eingeführt wird. Nur wenige Minuten später kommt die Nachricht dann auf allen Faxgeräten im betroffenen Gebiet an.

»Für weitere Informationen können sich die Menschen dann crossmedial per Videotext informieren«, so Seehofer. »So geht Digitalisierung!«

Das Warn-Fax soll laut Innenministerium noch vor der Bundestagswahl eingeführt werden.

Wurst fing er: Ungeschickter Angler verheddert sich mit Haken in Auslage von Imbissstand

Saure Gurke kämpft um ihr Leben, indem sie sich in Glasöffnung spreizt

Aurich (dpo) – Es geht um Leben und Tod: In einem Esszimmer in Aurich kämpft gerade eine saure Gurke verzweifelt dagegen an, aus einem halb vollen Einmachglas herausgeholt und anschließend verspeist zu werden. Dafür nutzt sie jede Chance, die sich ihr bietet.

»Ich bin zu jung und knackig, um zu sterben! Neeeeiiiin! Oh Gott! Hilfe! Aaaaaah!«, so die Gurke, während sie sich gerade quer in der Glasöffnung verkeilt.

Zweimal ist es dem Gürkchen bereits gelungen, durch geschickte Schwimmbewegungen im richtigen Moment durch die Finger zu gleiten, doch nun scheint ihr Schicksal besiegelt.

Denn jetzt nutzt ihr Peiniger ein Messer, mit dem er sie langsam am Glasrand in Richtung Öffnung schiebt. Erst im letzten Moment – die Gurke ist schon kurz davor, unter dem Druck des Messers zu brechen – gelingt es ihr, durch ein plötzliches Drehmanöver wieder ins sichere, mit Dill und Zwiebelstücken angereicherte Essigwasser zu rutschen und unter eine andere Gurke zu tauchen.

Kurz danach muss sie entsetzt dabei zusehen, wie die Gurke, unter der sie sich versteckte, aus dem Glas gefischt und brutal verspeist wird.

»Nein! Gurkfried! Nein! Das wollte ich nicht! Ich wollte nicht, dass du an meiner Stelle … Ogottogottogott! Was habe ich getan?«

Nach ihrer Rettung wird die Gurke wohl noch einige Tage leben – doch um welchen Preis?

Malerbetrieb streicht 5000 Stellen

Olpe (dpo) – Wie schlimm steht es wirklich um die Konjunktur in Deutschland? Ein Blick auf das Handwerk gewährt hier Aufschluss: Der Malerbetrieb Gräfenbusch & Söhne aus Olpe etwa hat nach eigenen Angaben allein im letzten Jahr über 5000 Stellen gestrichen.

»Ich wünschte ja, es ginge anders, aber ich muss ja auch irgendwie überleben«, rechtfertigt sich Seniorchef Jens Gräfenbusch gegenüber dem Postillon. »Wir könnten den Laden ja direkt dichtmachen, wenn wir komplett auf flächendeckende Streichungen verzichten würden. Das kann ja keiner wollen und das bin ich meinen sieben Mitarbeitern auch schuldig.«

Bei anderen Malerbetrieben sieht es nicht besser aus. Auch dort wurden 2020 extrem viele Stellen gestrichen – oft innerhalb weniger Tage. Auch wenn niemand gerne Schwarzmalerei betreiben will, wird es manchen inzwischen zu bunt.

»Meine Stelle wurde gerade gestrichen«, berichtet etwa ein Betroffener, während er den Pinsel noch in der Hand hält. »Jetzt stehe ich mit dem Rücken zur Wand. Ich bin fertig.«

Ein möglicher Grund, warum ausgerechnet in dieser Branche so viele Stellen gestrichen werden: In keiner anderen Berufsgruppe machen Angestellte so oft blau.

Redet sich den Mund fusselig: Opfer bittet Entführer immer wieder, den Knebel rauszunehmen

Afghanische Ortskräfte verkleiden sich als Bier, um von Deutschland gerettet zu werden

Kabul (dpo) – Erweichen sie so die Herzen der Deutschen? Um doch noch eine Chance zu haben, von der Bundesregierung gerettet zu werden, haben sich zahlreiche afghanische Ortskräfte der Bundeswehr als Bier verkleidet. Einige Hundert von ihnen harren derzeit in ihren Kostümen am Flughafen von Kabul aus.

»Als ich erfahren habe, dass die Bundeswehr bereits im Juni ohne große bürokratische Hürden 29 Europapaletten mit insgesamt knapp 65 000 Dosen Bier sowie 340 Flaschen Wein und Sekt aus Afghanistan ausgeflogen hat, wusste ich, dass das hier meine einzige Chance ist«, erklärt Amir Mohammedali, der von 2012 bis 2020 als Übersetzer für die Bundeswehr arbeitete und nun um sein Leben fürchten muss. »Menschenleben von Afghanen bedeuten den Deutschen nichts, aber bei Bier sieht die Sache offenbar ganz anders aus.«

Mit Mohammedali warten weitere als Alkoholika verkleidete Ortskräfte sowie seine Frau und seine Kinder: »Meine Frau und ich gehen als 0,5-Liter-Gebinde. Meine beiden Töchter als 0,33er-Döschen. Wir müssen natürlich hoffen, dass die Taliban uns so nicht sehen.«

Inzwischen sind Fotos und Nachrichten von am Flughafen von Kabul gesichtetem deutschem Bier auch zur Bundesregierung durchgedrungen. Ein Sprecher des Verteidigungsministeriums reagierte schockiert: »Ach du liebe Zeit! Wir dachten, wir hätten alles Bier längst in Sicherheit gebracht! Jetzt muss entschieden und schnell gehandelt werden! Wir werden Kopf und Kragen riskieren, um alle noch in Afghanistan verbliebenen Flaschen und Dosen nach Hause zu holen! Notfalls schießen wir uns den Weg frei!«

Informationen des Postillon zufolge ist bereits ein Geschwader von 100 zusätzlichen Transportmaschinen der Luftwaffe auf dem Weg nach Kabul.

Zeh vier: Mann verliert Glied seines Fußes durch Plastiksprengstoff

RATGEBER

25 Sätze, die Sie auf keinen Fall

Viele haben es schon erlebt: Rechts ranfahren, Fenster runterkurbeln und einmal mit den netten Beamten von der Polizei reden. So weit, so gut. Wenn Sie am Ende der Fahrzeugkontrolle unbehelligt Ihres Weges ziehen wollen, sollten Sie jedoch diese 25 Sätze unbedingt vermeiden:

1. »Nieder mit dem Schweinesystem! Proletarier aller Länder vereinigt euch! ACAB!«

2. »Na klar, die großen Verbrecher lässt man laufen, aber einen kleinen Drogenkurier, den hält man wieder an.«

3. »Führerschein? Nee, hab ich nicht. Dafür hätte ich ja in so eine Fahrschule gemusst und eine Prüfung ablegen müssen und so. Nicht mein Ding, sorry.«

4. »Tschulligung, aber ich bin gerade viel ssssu betrunken, um mich mit Ihnen herumzuärgern. Schüssi!«

5. »Ah, ein Bulle. Ich bin zwar etwas eingerostet, aber ich versuch's mal so, dass Sie es verstehen: Muuuuuuh!«

6. »Falscher Alarm. Ich bin Querdenker. Sie können also eine Herzgeste machen und mich weiterfahren lassen.«

7. »Ich wäre auch beinahe mal Polizist geworden, habe dann aber glücklicherweise noch die Kurve gekriegt und mache jetzt was, wo man wirklich anderen helfen kann und sich den Respekt der Leute wirklich verdient. Zudem verdient man als Zuhälter auch viel besser.«

sagen sollten, wenn Sie von der Polizei gestoppt werden

8. »Wie bitte? Wollen Sie mich beleidigen? Ich war ja wohl mindestens doppelt so schnell!«

9. »Hä? Ich habe Sie doch eben schon erschossen! WIESO STERBEN SIE NICHT??? Oh … sorry, ich habe Sie wohl mit einem Ihrer Kollegen verwechselt. Hehe.«

10. »Ach ja? Vielleicht sind Sie ja auch der Temposünder und ich der Polizist. Darüber schon mal nachgedacht? Führerschein und Fahrzeugpapiere bitte!«

11. »Puh, zum Glück haben Sie mich nicht gestern angehalten, als ich die Leiche im Baggersee versenkt habe.«

12. »Grüßen Sie die Nazis in Ihrem WhatsApp-Chat!«

13. »Was das Klopfen in meinem Kofferraum bedeutet? Eine billigere Anmache ist Ihnen wohl nicht eingefallen?«

14. »Meeeensch! Du bist doch der Jens. Jens Schmidt aus der 7c! Dich haben wir doch damals immer in den Papierkorb gesteckt und dir gegen die Segelohren geschnippt. Wie haben wir dich immer genannt? Ach ja! Bremsspur. Wegen der einen Sache mit der Unterhose. Und du bist jetzt Polizist? Sachen gibt's.«

15. »Bitte tun Sie mir nichts! Deutschland über alles! Ausländer raus! Sehen Sie, ich bin einer von Ihnen!«

16. »Nee, keine Sorge. Getrunken habe ich nichts. Das verträgt sich bei mir nicht mit den vielen Ecstasy-Tabletten, die ich geschluckt hab, und dem ganzen Koks in meiner Nase.«

17. »Cool. So eine Knarre wollte ich schon immer mal in der Hand halten. Ich borg sie mir mal kurz aus Ihrem Halfter, okay? Na, jetzt geben Sie schon her! Nun zieren Sie sich doch nicht so! Huch! Jetzt hat sich ein Schuss gelöst und Sie bluten. Warum passiert mir das jedes Mal wieder?!«

18. »Ich weiß, dass Sie kein Bestechungsgeld annehmen dürfen, aber wie wäre es mit einem köstlichen, heiß dampfenden Bestechungsgulasch?«

19. »Puh! Also im *Tatort* sind die Polizisten nie so hässlich.«

20. »Fahrzeugpapiere? Wie soll das denn gehen? Die Karre ist geklaut!«

21. »Herr Wachtmeister, sollten Sie nicht lieber das Kasperle vor dem Krokodil beschützen?«

22. »Hut ab! Für Fahrzeugkontrollen werden sicher nur die Besten der Besten bei der deutschen Polizei eingeteilt, oder? Das ist sicher der begehrteste Job, wo man am meisten Skills und so braucht. So ist das doch?«

23. »Ich habe nichts mit dem Überfall in der Bahnhofstraße zu tun. Wurde der eigentlich schon gemeldet?«

24. »Nanu? Wo sind denn der Indianer, der Bauarbeiter, der Rocker, der Cowboy und der Soldat, mit denen Sie sonst immer rumhängen?«

25. »Lebend kriegt ihr mich nie! Hahahaha!« *Wroooooom*

Rainer Eppelmann: Pfarrer kann kein Androidgerät bedienen

Da richtet er keinen Schaden an: CDU schickt Laschet zu »Wahlkampftermin« auf einsamen Acker in Brandenburg

Luckenwalde (dpo) – Hier kann nichts schiefgehen: Damit er die Umfragewerte der Union durch unbedachte Äußerungen, peinliche Behauptungen, unangebrachte Lacher und andere Pannen nicht noch weiter nach unten zieht, hat die CDU ihren Spitzenkandidaten Armin Laschet heute zu einem »Wahlkampftermin« auf einen einsamen Acker in Brandenburg geschickt.

»Armin, das ist ein ganz wichtiger Termin«, erklärt ein Berater des CDU-Wahlkampfteams vor Beginn des Auftritts auf der rund drei Quadratkilometer großen Brachfläche. »In dem Wahlkreis müssen wir unbedingt punkten.«

Laschet zeigt sich skeptisch. »Ist das wirklich nötig? Aber gut, wenn ihr meint, dass mein Charisma hier am besten eingesetzt ist.«

Er klopft vorsichtig an das nicht angeschlossene Mikrofon an seinem Rednerpult. »Hallo? Kann mich jemand hören? Na ja … Also … Liebe Wählerinnen und äh … Wähler hier in Brandenburg. Wohlstand und Zukunft erfordern Politik für Menschen von morgen. Deshalb dürfen wir jetzt nicht den Planeten retten, sondern müssen auch an die Bürgerinnen und Bürger denken.« Der Berater nickt Laschet aufmunternd zu. »Super, Armin! Weiter so!«

Auch den Rest der Woche haben die Strategen der CDU mit neuen Terminen vollgepackt. Morgen geht der Wahlkampf mit einem Meet and Greet auf einer Sandbank in der Ostsee weiter, bevor übermorgen ein Auftritt in einem dichten Fichtenwald im Harz ansteht.

Tic Tac benennt sich in »Globuli gegen alles« um und erhöht Preis auf 28,99 Euro pro Box

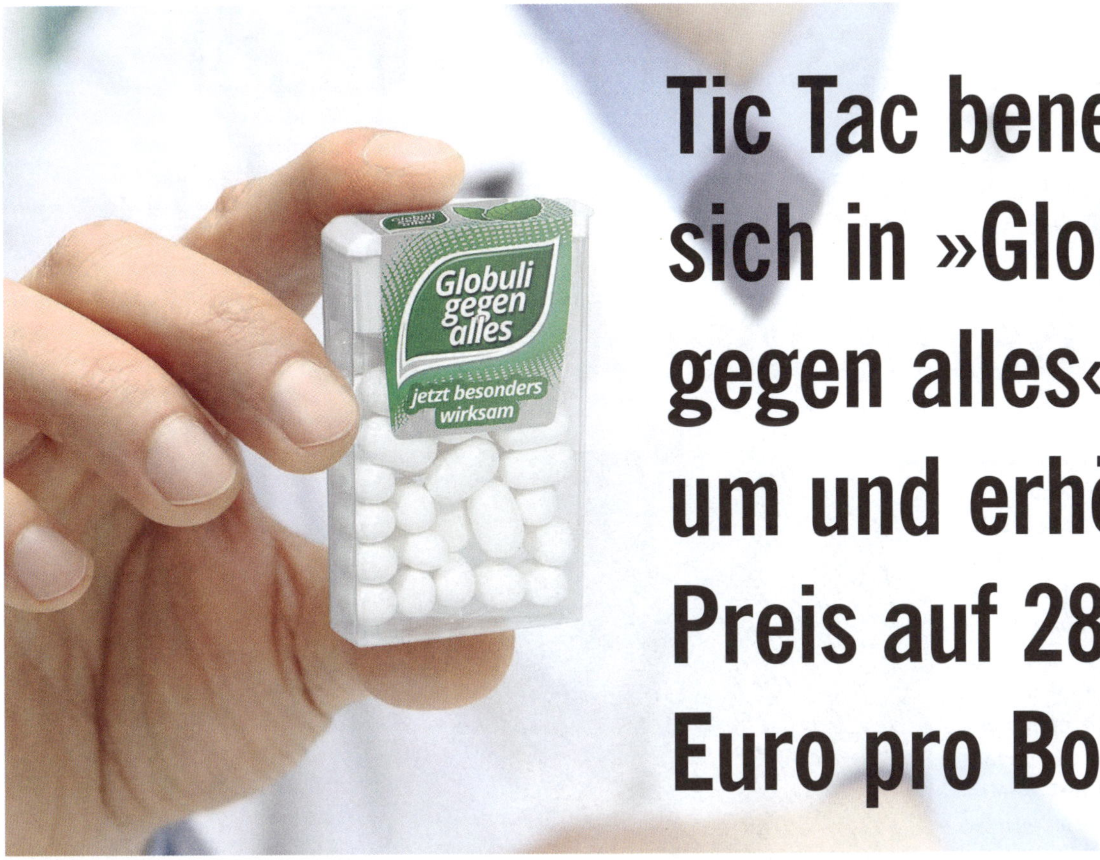

Alba (dpo) – Die Lutschdragee-Marke Tic Tac soll für den deutschsprachigen Markt komplett umgestaltet werden. Das verkündete der italienische Mutterkonzern Ferrero heute in einer Pressemitteilung. Demnach sollen die beliebten Zuckerkügelchen künftig unter dem Namen »Globuli gegen alles« firmieren. Der Preis werde gleichzeitig von 2,89 Euro auf 28,99 Euro pro 37er-Pack erhöht.

»Wir haben den Markt genau geprüft und haben festgestellt, dass sich Zuckerkügelchen ohne Wirkstoff viel besser und hochpreisiger verkaufen, wenn man sie als Globuli bezeichnet und behauptet, man könnte damit irgendwas kurieren«, erklärte ein Konzernsprecher. »Und das muss noch nicht mal stimmen! Keine Ahnung, warum das legal ist.«

Statt in Supermärkten und Tankstellen sollen die wirkstofffreien Lutschdragees künftig in Apotheken vertrieben werden. »Klingt ebenfalls komisch«, so der Sprecher. »Aber so will es das Gesetz in Deutschland.«

Kurios: Auf Werbung für die generalüberholte Marke will Ferrero weitgehend verzichten und sich in erster Linie auf Mundpropaganda von Leuten verlassen, deren Arbeitskollegin einen Cousin hat, dessen Schwägerin die verschiedensten Krankheiten von Hämorrhoiden über Erkältungen bis hin zu Krebs mit »Globuli gegen alles« geheilt hat.

Offenbar ist die neue Marketingstrategie erfolgreich: In der Schweiz, wo die Umbenennung bereits vor drei Monaten stattfand, haben sich trotz des erhöhten Preises und der schwierigeren Verfügbarkeit die Verkaufszahlen mehr als vervierfacht.

Mehrere Krankenkassen kündigten außerdem an, künftig für den Erwerb von Tic Tac teilweise aufzukommen.

»Hier muss ich überhaupt keine Steuern mehr zahlen« – Jeff Bezos bleibt im All

Weltall (dpo) – Jetzt ist endlich klar, warum Multimilliardäre wie Elon Musk, Richard Branson und Jeff Bezos die Raumfahrt immer weiter vorantreiben: Sie wollen sich einen Ort erschließen, an dem sie noch weniger Steuern zahlen müssen als ohnehin schon. Amazon-Gründer Jeff Bezos, dessen Vermögen auf etwa 200 Milliarden US-Dollar geschätzt wird, hat nun nach dem erfolgreichen Start seiner Raumkapsel angekündigt, direkt im All zu bleiben.

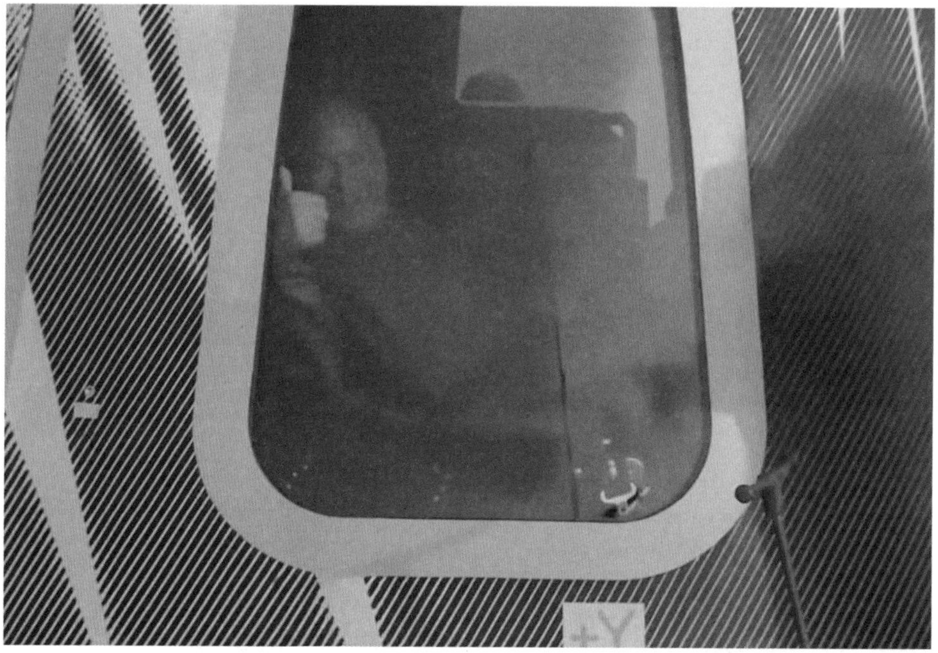

»Ich werde jetzt bis an mein Lebensende in meiner Raumkapsel um die Erde kreisen und genießen, dass ich 0 Prozent Steuern zahlen muss«, erklärte Bezos in einer Videobotschaft aus dem All und ergänzte: »Muahahahahahahahahaha!«

Aus juristischer und fiskaler Sicht ist Bezos im Recht: Da das Weltall völkerrechtlich keinem Staat der Welt zugehörig ist, kann es als gigantisches Steuerparadies angesehen werden. Auch Astronauten der ISS müssen für die Dauer ihres Aufenthalts auf der Raumstation bekanntlich keine Steuern zahlen.

Bezos, der auf der Erde bislang durch verschiedene Steuervermeidungstricks ohnehin schon nur 0,98 Prozent Steuern zahlte, scheint an alles gedacht zu haben. Neben Astronautennahrung für mindestens 40 Jahre hat der 57-Jährige Ausrüstung für Weltallgolf, einen Hund für Weltraumspaziergänge sowie ein Teleskop dabei, um gelegentlich einen Blick auf seine alte Heimat Erde zu werfen.

»Und falls mir doch irgendwas fehlen sollte«, so Bezos. »Dann bestelle ich mir das einfach bei Amazon.«

Konnte das Chaos nicht ertragen: Einbrecher räumt Wohnung von Junggesellen auf

Wiesbaden (dpo) – Er konnte einfach nicht anders: In Wiesbaden hat ein Einbrecher die Wohnung eines Junggesellen aufgeräumt, den Müll rausgebracht, Geschirr gespült und einmal ordentlich durchgelüftet, bevor er mit seiner Beute flüchtete.

»Ich bin echt kein pingeliger Mensch, aber das war ja nicht auszuhalten«, erklärt Berufseinbrecher Dennis M., der sich in den letzten Tagen die Wohnung eines 25-jährigen Junggesellen ausgespäht hatte. »Mich hat es fast umgehauen, als ich da eingestiegen bin.«

Dabei wurde ihm schnell klar, dass es sich um keinen Routineeinbruch handelte: »Ich bin durchs Fenster rein und direkt in eine alte Pizza getreten, die da in einem Karton rumlag«, berichtet M. Als er seine weißen Sneaker in der Spüle säubern wollte, kam der nächste Schock: »Da war alles voll mit dreckigem Geschirr bis oben hin. Dabei war direkt daneben eine nicht ausgeräumte Spülmaschine! Was ist das bloß für ein Mensch?«

Als der Einbrecher dann auch noch feststellte, dass das Finden von Wertgegenständen sich in dem Chaos als nahezu unmöglich herausstellte, reichte es ihm: Er unterzog die gesamte Wohnung einer gründlichen Reinigung. »Ich habe alles ordentlich einsortiert und den ganzen Dreck weggeputzt. In nur 40 Minuten war ich fertig. 40 Minuten für alles! Das ist doch nicht so schwer, mein Gott! Ich will gar nicht wissen, wie lange das da schon so aussah.«

Immerhin hat sich der Einbruch für Dennis M. am Ende doch noch gelohnt: »Ich habe zwar keine Wertsachen gefunden, aber dafür die ganzen leeren Bierflaschen mitgenommen und zum Rewe gebracht. Jetzt bin ich immerhin um 73,28 Euro reicher.«

Wer ungeimpft ist, fliegt raus: Erste Justizvollzugsanstalt führt 2G-Regel ein

Hamburg (dpo) – Sicher ist sicher: Als erstes Gefängnis in Deutschland hat die JVA Fuhlsbüttel in dieser Woche die 2G-Regel auch für Häftlinge eingeführt. Wer weder gegen Corona geimpft noch genesen ist, muss das Gelände unverzüglich verlassen.

»Weil bei uns viele Menschen auf engem Raum zusammenleben, müssen gerade in einer Justizvollzugsanstalt besonders strenge Coronaregeln gelten«, erklärt Anstaltsleiter Helge Baumgart. »Deshalb haben wir bereits vor einer Woche die 2G-Regel eingeführt. Sie gilt sowohl für Besucher und Wärter als auch für unsere Häftlinge.«

Besonders letztere Gruppe lege bislang jedoch keine große Disziplin an den Tag: Insgesamt habe man seit Einführung der 2G-Regel in der JVA Fuhlsbüttel bereits 112 Insassen vor die Tür setzen müssen, die weder einen Impfnachweis noch einen Beleg für eine überstandene Infektion erbringen konnten. »Das fällt auch uns nicht leicht, denn einige sind jahrelange Stammkunden«, so Baumgart. »Trotzdem: Gesundheit geht vor!«

Zudem habe man 62 neue Insassen direkt am Gefängnistor abgewiesen.

Eine Impfpflicht durch die Hintertür sieht Baumgart in der neuen Maßnahme nicht. »Die Hintertür ist bei uns gut abgesichert. Da kommt keiner durch«, so der JVA-Leiter.

Merkel noch unentschlossen, ob sie Scholz oder Baerbock wählen wird

Berlin (dpo) – Die Entscheidung fällt ihr nicht leicht: Wie Insider aus dem Kanzleramt berichten, ist sich Bundeskanzlerin Angela Merkel derzeit noch unsicher, ob sie ihre Stimme am Sonntag Olaf Scholz und der SPD oder lieber Annalena Baerbock und den Grünen geben soll.

»Beide haben ihren Reiz«, soll Merkel vor Vertrauten gesagt haben. »Scholz kenne ich persönlich gut, er würde Kontinuität reinbringen und er hat lange Regierungserfahrung. Baerbock wiederum finde ich auf dem Gebiet Klimaschutz stärker. Außerdem wirkt sie frischer, und es gefiele mir, wenn mir eine weitere Frau nachfolgt.«

Ärgerlich: Der Wahl-O-Mat der Bundeszentrale für politische Bildung hilft der Kanzlerin hier nicht weiter. »Da hatte ich ernsthaft Grüne und SPD mit 87 Prozent Übereinstimmung gleichauf. Wie viel Pech kann man haben?«

Letztlich, so Merkel, werde sie wohl am Sonntag in der Wahlkabine spontan entscheiden.

Verkrümelten sich: Alle Mitglieder von Kinderbande nach Einbruch in Keksladen ermittelt

Vorbild Trauben: Forschern gelingt es erstmals, kernlose Walnüsse zu züchten

Sacramento (dpo) – Lange hat die Lebensmittelindustrie auf diesen Durchbruch gewartet, nun ist er endlich da: Botanikern der Universität Sacramento ist es gelungen, nach dem Vorbild der Traube eine kernlose Walnussart zu züchten. Das Produkt wird schon bald im Handel erhältlich sein.

Insgesamt 14 Jahre lang forschten und züchteten die Wissenschaftler an der neuen Sorte »Pacific«, bis sich die von Natur aus großen Kerne der Walnuss vollständig zurückgebildet hatten.

Der für das Projekt federführende Wissenschaftler Dr. Dwight Wishaw ist begeistert von seiner Kreation: »Endlich kann ich Walnüsse genießen, ohne auf lästige Kerne zu beißen«, freut er sich und wirft sich eine Handvoll der Nüsse in den Mund, bevor er sie laut krachend zerkaut. »Hmmm, lecker! Und so schön knusprig!«

Aus seinen Mundwinkeln rinnt Blut, das er beiläufig mit dem Ärmel abwischt. »Sie merken, ich musste nichts entkernen und es ist keinerlei Abfall entstanden. Unsere Sorte wird schon bald in allen Restaurants und Supermärkten die vorherrschende Walnuss sein.«

Derzeit tüfteln die Wissenschaftler an weiteren Leckereien. So wollen sie auch Pistazien, Haselnüsse und Sonnenblumen bald in einer kernlosen Variante auf den Markt bringen.

Setzt immer noch einen obendrauf: Hutverkäufer erzielt ständig neue Umsatzrekorde

Homöopathin versucht seit 12 Jahren verzweifelt, ihren Mann zu vergiften

Kiel (dpo) – Was macht sie nur falsch? Schon seit zwölf Jahren versucht Sarah W. ohne Erfolg, ihren Mann zu vergiften. Doch was die gelernte Heilpraktikerin und Homöopathin auch tut – es will ihr einfach nicht gelingen, ihren Robert um die Ecke zu bringen.

»Langsam verliere ich den Glauben, dass es noch klappt«, klagt die 37-Jährige. »Ich verstehe nicht, wie Robert alles, was ich ihm verabreiche, einfach so wegsteckt, als wäre nix. Eigentlich müsste er schon hundertmal tot umgefallen sein.«

Dabei war sie im Frühling 2010 noch voller Hoffnung gewesen, ihren lästigen Ehemann bald los zu sein: »Ich hatte mir Arsen besorgt, eines der wirksamsten Gifte, die es gibt«, berichtet sie. »Ich wollte es ihm erst einfach so in den Kaffee schütten, aber dann fiel mir ein, dass ja jede Substanz deutlich stärker wird, je mehr man sie verdünnt. Also habe ich das Arsen im Verhältnis 1:100 000 000 (D8) verschüttelt. Ich wollte ihn ja nicht mit unwirksamem Schulgift umbringen.«

Sarah W.: »Ein Grund, warum ich Robert umbringen will, ist, dass er mich immer verspottet, weil ich an so esoterischen Kram glaube. Das Lachen wird ihm schon noch vergehen. Irgendwann.«

Doch der hochpotente Gifttrank, den Sarah W. ihrem Mann schließlich vorsetzt, bleibt ohne Wirkung – selbst nach Wochen täglicher Verabreichung bleibt Robert kerngesund.

»Also habe ich die Dosis logischerweise immer weiter reduziert«, erklärt sie. »Aber sosehr ich das Gift auch verdünnt habe, es wollte trotzdem einfach nicht klappen.«

Inzwischen möchte W. von Arsen auf einen anderen Wirkstoff umschwenken. »Ich habe diese Woche zu meinem Entsetzen festgestellt, dass verdünntes Arsen und andere Gifte homöopathisch genutzt werden, um Leute gesund zu machen. Habe ich Robert all die Jahre versehentlich geholfen, statt ihn zu töten? Wenn verdünnte Gifte heilen, muss ich dann gesunde Stoffe verdünnen? Jedenfalls werde ich ihm jetzt eine Potenzierung aus lebenswichtigen Multivitaminen, belebenden Spurenelementen und gesunden Aminosäuren verabreichen. Wenn er dann nicht endlich tot umkippt, weiß ich auch nicht mehr weiter.«

Nach Reichelt-Rauswurf: »Bild«-Zeitung sieht heute mysteriöserweise nicht so aus

Berlin (dpo) – Seit wann lässt man denn bei Springer solche Sensationsnachrichten links liegen? Obwohl mit »Bild«-Chefredakteur Julian Reichelt einer der wichtigsten Medienmanager Deutschlands seinen Job aufgrund von Mobbing, belästigendem Verhalten gegenüber Frauen und weiterer Verfehlungen verlor, berichtet das Boulevardblatt lieber über völlig andere Themen. Dabei hätte die Titelseite unter normalen Umständen so wie hier gezeigt aussehen müssen.

»Die Story hat alles, was ›Bild‹ sonst liebt: Machtmissbrauch, Sex, Drogen«, so Medienexpertin Cordula Beremeser. »Ja, manche Dinge davon sind noch unbelegt oder juristisch zweifelhafter Natur, bei anderen gilt die Unschuldsvermutung – aber das sind alles Dinge, auf die ›Bild‹ sonst auch einfach pfeift. Und diesmal berichtete sogar die ›New York Times‹.«

Die fehlende »Bild«-Berichterstattung könnte auch der Grund dafür sein, dass die Nachbarschaft um Reichelts Wohnhaus bislang noch völlig unbehelligt ist. »Niemand hat mich gefragt, was für ein Typ dieser Reichelt überhaupt ist, ob er mir schon mal irgendwie aufgefallen ist und ob ich ihm solche Taten überhaupt zugetraut hätte«, erklärt etwa der Nachbar vier Häuser weiter. »Das kommt mir schon ein bisschen seltsam vor, ehrlich gesagt. Sehr verdächtig.«

Ähnliches berichten Verwandte, Freunde und Familie Reichelts. »Ich wurde nicht von Reportern bedrängt, alte Familienalben nach Fotos von Julian zu durchstöbern, damit diese neben der Schlagzeile ›So grinste das spätere Sex-Monster an seinem ersten Schultag‹ veröffentlicht werden können«, bestätigt eine Cousine Reichelts.

Nicht Machtmissbrauch, Ausnutzung von Abhängigkeitsverhältnissen, Psychoterror und gefälschte Scheidungspapiere (!) wurden Reichelt dem dürren Text zufolge zum Verhängnis, sondern »Presserecherchen«.

Dabei wäre das eine hervorragende Gelegenheit gewesen, um auf einer Doppelseite im Inneren der Ausgabe auch ältere Vorwürfe gegen Julian Reichelt noch einmal aufzukochen – etwa aus der Zeit, als sein Vorgänger Kai Diekmann im Jahr 2018 von einer Mitarbeiterin mit Vergewaltigungsvorwürfen konfrontiert wurde. Damals verlief der Fall im Sand, nachdem Reichelt einen Feldzug gegen das mutmaßliche Opfer geführt und dessen charakterliche Vernichtung vorangetrieben hatte.

Immerhin: Seit Jahrzehnten fragen sich Experten für Medienethik, ob es auch Grenzen gibt, was die Rücksichtslosigkeit der »Bild«-Zeitung in den Bereichen reißerische Berichterstattung, Persönlichkeitsrechtverletzung oder Vorverurteilung angeht. Nun scheint klar: Ja – sofern einer der Ihren betroffen ist.

Gastraum: Übernachtungsbesuch flüchtet nach Vision von Methanexplosion ins Freie

Konkurrenz für Amazon-Chef Bezos: Erster Weltraumtourist fliegt mit Wish ins All

San Francisco (dpo) – Erwächst hier ernst zu nehmende Konkurrenz für Amazon-Chef Jeff Bezos? Ab sofort bietet auch das E-Commerce-Unternehmen Wish Reisen ins All an – wie es für Wish üblich ist, zu Kampfpreisen. Ein erster Weltraumtourist hat bereits einen Flug bei Wish bestellt und wurde nun ins All geschossen.

»Äha, die Rakete sieht jetzt doch irgendwie ein bisschen anders aus als das Foto bei der Bestellung«, erklärte der gelernte Fliesenleger John Malick kurz vor dem Start seines Weltraumfluges. »Aber na ja, dafür hat der Spaß auch nur 699 Euro gekostet. Bei Blue Origin von Jeff Bezos wären das über 200 000 Euro gewesen.«

Auch dass die Rakete aus Karton besteht, habe ihn stutzig gemacht. »Irgendwo müssen die wohl sparen. Das hat man auch am Raumanzug gemerkt, der offenbar von einem Faschingskostümhersteller kam.«

Nach dem siebten Countdown – bei den ersten sechs hatten jeweils Triebwerke nicht gezündet – war es dann so weit: Der erste kommerzielle Billigflug ins All hob ab.

Ob und wann John Malick wieder zur Erde zurückkehren wird, ist unklar. Nach Angaben von Wish hat er bislang noch keinen Rückflug gebucht.

RATGEBER

8 einfache Hausmittel,

Jeder kennt es: Da lässt man einmal ein Fenster oder die Balkontür ein paar Minuten offen stehen, schon hat man ein Nashorn in der Wohnung. Doch wie wird man die Tiere, die zwar nur selten stechen, aber oft jede Menge Unordnung auslösen, wieder los? Der Postillon kennt acht alte Hausmittel:

1. *Fenster öffnen und wild klatschend auf das Nashorn zurennen*

Nashörner gelten als schreckhaft. Deshalb ist diese Strategie immer einen Versuch wert. Mit etwas Glück springt das Tier vor Schreck aus dem Fenster und Sie sind es los. Nur in seltenen Fällen fühlt sich das Nashorn provoziert und greift an. Achtung: Das Fenster sofort schließen, sobald das Nashorn raus ist! Tipp: Anschließend Nashorngitter am Fenster anbringen.

2. *Flyer für eine Nashornparty mit Freigetränken in der Wohnung auslegen*

Obwohl Nashörner klassische Einzelgänger sind, lieben sie es, von Zeit zu Zeit mit ihren Artgenossen zu feiern. Nutzen Sie diesen Umstand, indem Sie überall in der Wohnung Flyer für eine Nashornparty auslegen. Werben Sie dabei mit Freigetränken, um das Angebot unwiderstehlich zu machen. Schon bald wird sich das Nashorn in Schale werfen und das Haus verlassen.

3. *Nashornfalle aufstellen*

Gin-Chiller: Nagetier entspannt sich am liebsten mit Wacholderschnaps

mit denen Sie ein Nashorn aus Ihrer Wohnung bekommen

Der Klassiker unter den Möglichkeiten, ungewollte Nashörner loszuwerden, ist der Kauf einer Nashornfalle. Sie sind in jedem Bau- und Drogeriemarkt erhältlich (Schlagfallen schon ab 1,99 Euro/Stück). Tierschützer raten zum Kauf von Lebendfallen (ca. 10 Euro/Stück). Sobald ein Nashorn gefangen ist, einfach nach draußen in den Garten bringen und dort wieder freilassen.

4. *Mit rationalen Argumenten überzeugen*

Nashörner mögen zwar stur sein, doch auch sie sind Argumenten zugänglich, sofern sie logisch schlüssig sind und kompetent vorgetragen werden. Bereiten Sie am besten eine kleine Präsentation vor, in der Sie darlegen, dass Sie Ihre Wohnung für sich selbst benötigen. Gehen Sie dabei auch auf die juristische Lage in Deutschland ein, die Nashörnern im Allgemeinen keinerlei Nutzungsrechte an fremden Wohnungen einräumt.

5. *Gulasch kochen*

Tatsächlich gibt es keinerlei Hinweise, dass das Kochen eines Gulaschs Ihnen bei Ihrem Nashornproblem in irgendeiner Form weiterhilft, aber danach haben Sie wenigstens etwas Leckeres zu essen. Mahlzeit!

6. *Sich als Nashorn des anderen Geschlechts verkleiden, mit dem Nashorn eine Familie gründen, Kinder bekommen und schließlich wegziehen, weil die Wohnung zu klein wurde*

Schon ist die Bude wieder nashornfrei!

7. *Natürliche Nashornneugierde ausnutzen*

Setzen Sie sich mit mehreren Bekannten in den Garten und tuscheln Sie auffallend heimlich. Nashörner sind sehr neugierige Tiere und können nicht widerstehen, sich nach draußen zu schleichen und heimlich zu lauschen.

8. *Tiger in die Wohnung bringen*

Nashörner hassen Tiger von Natur aus, weil sie seit dieser einen Sache, über die sie nur ungern reden, panische Angst vor Streifen haben. Wer einen Tiger in der Wohnung hat, hat kein Problem mehr mit Nashörnern.

Taliban bedanken sich bei den USA dafür, sie jetzt schon zum zweiten Mal bis an die Zähne bewaffnet zu haben

Kabul (dpo) – So gut war bislang noch keine Weltmacht zu ihnen: Kurz nach der Rückeroberung Afghanistans haben sich die Taliban heute ausdrücklich bei den USA und ihren Verbündeten dafür bedankt, sie jetzt schon ein zweites Mal militärisch auf den neuesten Stand gebracht zu haben.

»Danke für all das schwere Kriegsgerät, die Hundert Panzer, die Million Handfeuerwaffen und die Milliarden Schuss Munition, die jetzt in unseren Besitz übergegangen sind!«, so ein Sprecher der Terrororganisation. »Und natürlich auch für die Kampfhubschrauber und -jets. Wir werden immer mit freudiger Erinnerung an euch denken, wenn wir sie einsetzen.«

Besonders groß ist der Dank der Taliban, weil die USA nicht zum ersten Mal das Arsenal der Islamisten verstärkten: Bereits ab 1979 bewaffnete die CIA radikalislamische Widerstandskämpfer (Mudschahedin) im Zuge der Operation Cyclone, um sie gegen die russische Besatzungsmacht zu stärken. Der finanzielle Umfang des Programms belief sich auf geschätzte sechs bis zwölf Milliarden US-Dollar. Später gingen aus den Mudschahedin die Taliban hervor.

»Wer weiß, ob das alles ohne euch überhaupt möglich gewesen wäre!«, so der Taliban-Sprecher gerührt. »Na ja, danke jedenfalls: Mit den Waffen von diesem Mal kommen wir sicher einige Jahre aus. Und falls wir irgendwann wieder neue brauchen, dann wissen wir ja jetzt, dass auf euch Verlass ist!«

Mudschahed mit Lee-Enfield-Repetiergewehr

Sensation! Freier Parkplatz in Münchner Innenstadt aufgetaucht

München (dpo) – So etwas hat es hier schon lange nicht mehr gegeben: Wie mehrere Medien übereinstimmend berichten, ist heute in der Münchner Innenstadt ein Parkplatz frei geworden. Das Spektakel lockte zahlreiche Schaulustige und Gaffer an und sorgte vorübergehend für ein Verkehrschaos.

Augenzeugen zufolge wurde der Parkplatz in der Damenstiftstraße gegen 15.43 Uhr überraschend frei, als ein Anwohner mit seinem Auto kurzerhand davonfuhr. Sofort sammelten sich erste Schaulustige, die ungläubig zusahen, wie die Parklücke von Minuten zu Minute länger leer stand.

»Wahnsinn! Dass ich das noch erleben darf«, freut sich eine Frau mittleren Alters, die mit ihrem Handy begeistert Selfies von sich und dem freien Parkplatz anfertigt. »Davon werde ich noch meinen Enkelkindern erzählen. Schade, dass ich gerade nicht im Auto sitze. Sonst würd ich da direkt parken. Selbst wenn ich nur auf der Durchfahrt wäre.«

Wenig später baut ein Mann einen Klapptisch auf dem nahe gelegenen Bürgersteig auf und beginnt, von dort aus T-Shirts mit dem Aufdruck »Freier Parkplatz in der Münchner Innenstadt 2021 – Ich war dabei!« zu verkaufen.

Ist der Hype gerechtfertigt? Anwohner Erwin Molke (92) findet nicht: »Ich hab so was schon mal gesehen. 1948 war das. Kurz nach dem Krieg. Da war hier auch schon mal kurz ein Parkplatz frei.«

Mittlerweile sind mehrere Fernsehteams angerückt, Jugendliche drehen TikTok-Videos, jemand ruft: »Bratwurst! Frische Bratwurst! Nur 3 Euro plus 1 Euro Freier-Parkplatz-Blick-Preisaufschlag!« Die Schar der Schaulustigen und Gaffer ist auf etwa eintausend Menschen angewachsen.

Zum Zeitpunkt der Veröffentlichung dieses Artikels war der Parkplatz noch immer frei. Zwar hat sich seine Existenz innerhalb kürzester Zeit wie ein Lauffeuer herumgesprochen und alle Radiostationen berichten darüber, doch leider versuchen alle parkplatzsuchenden Autofahrer Münchens derzeit gleichzeitig, dorthin zu gelangen. Der dadurch entstandene Stau hat inzwischen die gesamte Münchner Innenstadt lahmgelegt.

Gemahl: Ehefrau bittet Mann, den Müll runterzubringen

RATGEBER

14 Sätze, die Sie niemals bei einem Vorstellungsgespräch sagen sollten

Selten ist ein erster Eindruck so entscheidend wie bei einem Bewerbungsgespräch – umso fataler kann sich hier ein unbedachter Satz auf Ihre Chancen auswirken. Deshalb ist es wichtig zu wissen, was Sie besser nicht sagen sollten, wenn Sie erneut eingeladen werden möchten. Wir haben Personaler und Führungskräfte befragt und 14 Sätze gesammelt, die man bei einem Vorstellungsgespräch auf keinen Fall sagen sollte:

1. *»Kann ich direkt ab meinem ersten Arbeitstag Urlaub nehmen? Drei Wochen müssten reichen.«*

Mit solch einer Frage signalisieren Sie, dass Sie unsicher und durchsetzungsschwach sind. Sagen Sie stattdessen: »Ich nehm mir direkt ab dem ersten Tag drei Wochen Urlaub, ihr Lappen! Klaro?«

2. *»Stört es Sie, wenn ich während des Gesprächs eine Crackpfeife rauche?«*

Mit diesem Satz signalisieren Sie, dass Sie nicht gerne teilen und kein Teamplayer sind. Besser ist es, Ihrem Gegenüber ebenfalls einen Zug von der Pfeife anzubieten.

3. *»Mein berufliches Ziel lautet, mich hochzuarbeiten, Ihr Vorgesetzter zu werden und Sie dann zu feuern.«*

Es kommt nicht gut an, wenn Sie der Person, die über Ihre Anstellung entscheidet, mit Kündigung drohen. Sagen Sie deshalb mit einem Augenzwinkern: »Mein berufliches Ziel lautet, mich hochzuarbeiten und Ihr Vorgesetzter zu werden, damit wir gemeinsam alle anderen in diesem Scheißladen feuern können.«

4. *»Darf meine Mutter die ersten paar Wochen mitkommen? Nur bis ich eingewöhnt bin.«*

Solch eine Frage lässt Sie schwach erscheinen. Bringen Sie lieber Ihre Mutter direkt zum Vorstellungsgespräch mit und sprechen Sie konsequent ausschließlich in der »Wir«-Form über sich. Ihr neuer Arbeitgeber wird verstehen und sich automatisch auf die dauerhafte Anwesenheit Ihrer Mutter einstellen.

5. *»Fkjaöwoghbnio oiajgowgh oagroahbw, aojgogahgra tphiüjijü aüaguqh!«*

Würden Sie so einen Satz zu Hause bei Ihren Eltern sagen? Dann lassen Sie ihn auch im Bewerbungsgespräch lieber unausgesprochen. Der beste Ort für tphiüjijü ist immer noch das wöchentliche Pölwqäääfz.

6. ***»Kann ich einen kleinen Vorschuss von 10 000 Euro haben? Sonst muss ich gleich die erste Woche mit gebrochenen Knien wegen meiner Spielschulden blaumachen.«***

Etwaige Spielschulden Ihrerseits sollten Sie auf keinen Fall so deutlich ansprechen. Besser ist es, eher beiläufig und scherzhaft zu erwähnen, dass Sie von der alten Dame Fortuna mit Anlauf in die Fresse getreten wurden und deshalb ganz schnell Zaster brauchen, verdammt noch mal! Nimmt Ihr Gegenüber Sie ernst und hilft, ist der Plan aufgegangen. Falls nicht, tun Sie so, als wäre alles ein Witz gewesen.

7. ***»Sind in der Personalabteilung bei Ihnen alle so hässlich wie Sie?«***

»Hässlich« ist ein Wort, das in einem professionellen Arbeitsumfeld nicht benutzt werden sollte. Benutzen Sie stattdessen »optisch schwach« oder »augenkrebserregend«.

8. ***»Ich kann es kaum erwarten, bei Ihnen anzufangen. Dann kann ich endlich mein wahres Gesicht zeigen. Muahahahahahahaha!«***

Wer so einen Satz benutzt, zeigt, dass er oder sie unmotiviert ist und die Dinge nicht akribisch angeht. Präsentieren Sie Ihre finsteren Ambitionen stattdessen gesanglich in einer düsteren Musicalnummer im Disneystil, um zu zeigen, dass Sie stets mit Herz bei der Sache sind.

9. ***»Okay, aber jetzt mal unter uns: Wen muss ich hier beseitigen, damit der Karriereweg nach oben frei ist?«***

Solche Anfragen werden in einem professionellen Arbeitsumfeld stets verklausuliert gestellt, etwa mit unverfänglichen Formulierungen wie: »Wer ist hier der nasseste Hund?« oder: »Wer hat hier die grünsten Bohnen im Vorgarten?«

10. ***»Meine einzige Schwäche besteht darin, dass ich ein krankhafter Brandstifter bin und meine letzten zwölf Arbeitsstellen angezündet habe. Hahahaha!«***

Vergleiche mit früheren Arbeitgebern werden von Personalern nicht gerne gesehen, da sie das Gefühl vermitteln, man sei lediglich nur eine weitere Nummer in Ihrer Karriere. Sagen Sie lieber: »Meine einzige Schwäche besteht darin, dass ich ein krankhafter Brandstifter bin und wahrscheinlich dieses Gebäude anzünden werde. Hahahaha!«

11. ***»Wird bei Ihnen im Büro auch untereinander regelmäßig gebumst? Ich bumse nämlich recht gern.«***

Jeder bumst gerne im Büro – doch so explizit sollten Sie das im ersten Bewerbungsgespräch auf keinen Fall zugeben. Sagen Sie stattdessen einen unverfänglichen Satz wie: »Ich stehe Bumsereien eher neutral gegenüber.«

12. ***»Meine Gehaltsvorstellung liegt bei 10 000 000 000 000 000 000 000 000 000 000 000 000 000 000 000 000 000 000 000 000 000 000 Euro. Pro Stunde.«***

Solche festen Beträge verschrecken Arbeitgeber meist. Lassen Sie deshalb einen Spielraum von einigen Hundert Euro, um zu zeigen, dass Sie auch mit sich verhandeln lassen.

13. ***»Wenn Sie mich nicht anstellen, dann werden Sie das noch bitter bereuen!!! Sie, Ihre Kinder und Ihre Kindeskinder!«***

Solch einen Satz im Vorstellungsgespräch zu sagen, gilt gemeinhin als stillos. Schreiben Sie Ihn lieber auf einen Zettel, den Sie dann wortlos über den Tisch schieben, während Sie Ihr Gegenüber mit starrem Blick fixieren.

14. ***»Soll ich gleich dableiben? Sie nehmen mich ja eh, weil sich noch nie jemand so Geiles wie ich bei euch Losern beworben hat.«***

Diese Art von Eigenlob kommt bei Arbeitgebern in der Regel nicht gut an. Beweisen Sie stattdessen Demut, indem Sie unmittelbar im Anschluss an Ihr Vorstellungsgespräch im Fünfminutentakt anrufen und fragen: »Ich weiß, ich bin unwürdig, aber: Nehmen Sie mich?«

Wird sich noch umgucken: Fahrprüfer montiert schulterblickfaulem Schüler die Rückspiegel ab

Nach ersten Hochrechnungen: Trump erklärt sich zum Sieger der Bundestagswahl

Berlin, Palm Beach (dpo) – Noch sind bei Weitem nicht alle Stimmen der Bundestagswahl ausgezählt. Dennoch gibt es bereits erste Ansprüche auf das Kanzleramt: Donald Trump hat sich vor wenigen Minuten zum Sieger der Bundestagswahl erklärt und den Deutschen für ihr Vertrauen gedankt.

»Ich habe die Wahl in Deutschland eindeutig gewonnen«, erklärte Trump bei seiner Wahlparty vor Tausenden Anhängern im Luxusresort Mar-a-Lago. »Alles andere wäre Wahlbetrug! Es ist gerade viel von Briefwahlstimmen die Rede. Wir wissen, dass das nur ein Vorwand ist, um die Wahl zu stehlen!«

Anschließend forderte er, dass die weitere Auszählung sofort gestoppt werden muss! »Die lassen Tote abstimmen«, so Trump. »Wir werden das nicht zulassen! Ich mache Deutschland great again!«

Bei Veröffentlichung dieses Artikels rief Trump seine Anhänger gerade dazu auf, das Reichstagsgebäude in Berlin zu stürmen, um seine rechtmäßige Kanzlerschaft zu sichern.

Kümmert sich um Designen: Innenarchitekt sorgt für die Familie

»Bei dem Preis wäre es irre, ihn ins Stadion zu schicken!« – FC Bayern will Nagelsmann im Safe lagern

München (dpo) – Jetzt steht es fest: Julian Nagelsmann wird neuer Trainer des FC Bayern München – mit einer Transfersumme von ungefähr 25 Millionen Euro ist er der teuerste Trainer der Geschichte. Der FC Bayern hat bereits angekündigt, Nagelsmann wegen dieses hohen Werts nicht im Stadion einzusetzen, sondern für die volle Vertragslaufzeit von fünf Jahren im Safe in der Säbener Straße zu verwahren.

»Bei Julian Nagelsmann handelt es sich nicht um so ein Billig-Trainer-Modell wie Hansi Flick«, bestätigte Bayern-Chef Karl-Heinz Rummenigge. »Bei dem Preis wäre es irre, ihn auf den Trainingsplatz oder ins Stadion zu schicken! Wenn der sich da nur den Knöchel verstaucht, dann wäre er schon eine Million weniger wert.«

Man betrachte Nagelsmann in erster Linie als langfristige Wertanlage. Mit 33 Jahren ist er für einen Trainer unglaublich jung und könnte schon bald ein Vielfaches seines Einkaufspreises wert sein.

Das aktive Training soll daher Bayern-Co-Trainer Danny Röhl übernehmen und sich dabei telefonisch mit dem im Safe ruhenden Nagelsmann absprechen. Auch bei Spielen soll Nagelsmann das Team per Funk coachen. Zu groß ist die Sorge, dass dem teuersten Fußballtrainer der Welt etwas Wertminderndes zustoßen könnte.

Wichtig sei nur, dass man sich die Kombination für den Safe merke. »Ein Debakel wie damals bei diesem einen superteuren Trainer, den wir in den 90ern mal kurz hatten, darf sich nicht wiederholen«, so Rummenigge. »Wie hieß der gleich noch mal? Hm … ach, ist ja auch egal. Gott sei Dank hat bis heute niemand nachgefragt, wo der eigentlich steckt.«

Ramses: Altägyptischer König lässt Bild einfassen

Mann sind hohe Spritpreise egal, weil er eh immer für 50 Euro tankt

Limburg (dpo) – Deutschland zittert vor immer höheren Benzinpreisen – doch ihm können sie nichts anhaben: Aaron Olzewsky aus Limburg nutzt einen cleveren Trick gegen die Teuerung. Er tankt schon seit Jahren für immer exakt 50 Euro.

»Ich weiß gar nicht, was die Leute alle haben, die jetzt über die hohen Benzinpreise meckern«, so Olzewsky, während er gerade zufrieden die Zapfpistole aus der Tanköffnung zieht. »Ich mach das schon immer so: Wenn der Tank leer ist, kommt da Sprit für nen Fuffi rein und gut ist. So bleibt das für mich immer exakt gleich teuer.«

Teures Tanken kennt Olzewsky nur in einer Form: »Manchmal schaffe ich es nicht, die 50 Euro genau zu treffen. Dann kostet es schon mal 50,01 Euro oder sogar 50,02«, erzählt er. »Aber dafür tanke ich beim nächsten Mal dann halt nur für 49,98 oder 49,99 Euro.«

Mittelfristig will sich Olzewsky von dem Geld, das er durch seine Immunität gegen hohe Benzinpreise gespart hat, ein neues Auto kaufen. »Bei meiner aktuellen Karre steigt leider der Spritverbrauch immer mehr. Früher bin ich mit einer Tankfüllung fast doppelt so weit gekommen.«

Hinters Licht geführt: Beleuchter bekommt doch keine Hauptrolle

Scheidung! Bill und Melinda Gates teilen sich Sorgerecht für Milliarden gechippter Menschen

Medina, Washington (dpo) – Ehe-Aus beim wohl mächtigsten Paar der Welt! Bill und Melinda Gates haben gestern in einem öffentlichen Statement mitgeteilt, sich scheiden zu lassen. Nun werden erste Details bekannt: Demnach sollen sich beide künftig das Sorgerecht für die Milliarden per Coronaimpfung gechippten und ferngesteuerten Menschen teilen.

Bislang steuerte und manipulierte das Ehepaar alle Geimpften gemeinsam – eine Teilung des Sorgerechts dürfte zahlreiche Herausforderungen mit sich bringen. Bill und Melinda Gates zeigten sich jedoch zuversichtlich: »Wir sind uns unserer Verantwortung für die vielen willenlosen Geschöpfe, die wir erschaffen haben, natürlich bewusst«, heißt es in einem öffentlichen Statement. »Nur weil wir uns trennen, haben wir unsere Untertanen natürlich genauso lieb wie vorher und wollen uns gemeinsam um ihre Gedankenkontrolle kümmern.«

Ein Vertrauter des Ehepaars bestätigte, dass derzeit die Details noch ausgearbeitet werden. Nach aktuellem Stand soll Bill Gates aber wohl die Steuerung der Gechippten montags, mittwochs und freitags vornehmen, Melinda Gates kümmert sich immer dienstags, donnerstags und am Wochenende.

Sorgen müssen sich Geimpfte dennoch nicht machen: Wichtige Lebensentscheidungen wie Berufs- und Partnerwahl, die Anschaffung eines Heimcomputers oder der Beginn des Dritten Weltkriegs werden nach wie vor von Bill und Melinda Gates gemeinsam getroffen.

Drei Monate alter Säugling entschließt sich, Christ zu werden

Passau (dpo) – Es ist ein großer Schritt, doch er will ihn wagen: Der drei Monate alte Säugling Maximilian Huber aus Passau hat sich nach langer Überlegung dazu entschlossen, katholischer Christ zu werden. In einer feierlichen Zeremonie lässt sich der Nulljährige heute taufen.

»Für mich macht der Katholizismus einfach theologisch Sinn«, erklärt Maximilian, während er zum Taufbecken getragen wird. »Ich habe viel in der Bibel gelesen und lange Gespräche mit Geistlichen geführt. Nur der Papst hat als Successor Principis Apostolorum den Anspruch, in direkter Nachfolge des heiligen Petrus zu stehen. Und mich persönlich hat schon immer die Lehre der Transsubstantiation beim Abendmahl überzeugt – die Protestanten irren da einfach. Und die anderen Religionen sind eh Quatsch.«

Dass sein Vater und seine Mutter ebenfalls katholische Christen sind, habe ihn in keiner Weise beeinflusst. »Nee, das ist absoluter Zufall!«, so der Junge, während er seinen stolzen Eltern ein Daumen-hoch-Zeichen gibt.

Der Priester spricht ein Gebet und gießt dem Säugling Weihwasser über den Kopf. »Hui, ist das nass und kalt. Tschuldigung, da muss ich jetzt kurz weinen: Wäääääääääääääääääääääh! So, geht wieder. Und jetzt bin ich Katholik. Deo gratias!«

Kurz danach endet die Zeremonie auch wieder. Immerhin warten bereits drei weitere Säuglinge, die sich offenbar ebenfalls entschlossen haben, für den Rest ihres Lebens Katholiken zu sein.

In den Sand gesetzt: Weitspringer verpatzt letzten Versuch

Er bleibt in der Branche: Julian Reichelt wechselt zu großem Klopapierhersteller

Berlin (dpo) – Gute Leute finden immer Arbeit: Nur wenige Tage nach seinem Rauswurf bei »Bild« hat Ex-Chefredakteur Julian Reichelt bereits eine neue Anstellung gefunden. Dazu muss er nicht einmal die Branche wechseln. Er wird künftig für einen namhaften Hersteller von Toilettenpapier tätig sein.

»Wir freuen uns, mit Julian Reichelt einen neuen Schichtleiter mit jahrelanger Erfahrung in der Herstellung von Papiererzeugnissen, die für den Arsch sind, begrüßen zu dürfen«, heißt es in einer Pressemitteilung der Firma Friedrich Hohweder Toilettenartikel AG (FHT AG). »Wir erhoffen uns durch diese Verpflichtung eine signifikante Steigerung unserer Auflage.«

Sorgen, dass sich die Anstellung Reichelts negativ auf das Betriebsklima auswirken könnte, macht man sich bei der FHT AG nicht. »Wir haben sicherheitshalber alle weiblichen Mitarbeiter in eine andere Abteilung verlegt und sind gleichzeitig sehr optimistisch, dass sich Julian Reichelt in seiner neuen Rolle wohlfühlt«, so ein Sprecher, während er eine Klopapierrolle hochhält. »Die legen wir ihm nämlich auf seinen Schreibtisch für Momente, wenn er den Druck nicht mehr aushält.«

Erste Ideen habe der Neue auch schon eingebracht. Unter anderem fordert Reichelt, das Klopapier mit übertriebenen Nachrichten, Gerüchten und Lügen im »Bild«-Stil zu bedrucken. Doch hier ist der Aufsichtsrat noch skeptisch: »Eigentlich sollte unser Produkt ja erst nach Gebrauch mit Exkrementen beschmiert sein.«

Kampf gegen Klimawandel: Mann kauft SUV, weil man damit besser durch Hochwasser kommt

Hagen (dpo) – Wetterextreme, Hochwasser, Dürreperioden: Die globale Erwärmung wird immer spürbarer und fordert klares Handeln. Auch Harald Petersen aus Hagen hat nun Konsequenzen ergriffen und sich einen großen SUV gekauft, damit er besser durch Hochwasser fahren kann.

»Mit meinem alten Golf komme ich gegen solches Extremwetter, wie es nun immer häufiger auftritt, nicht mehr an«, so Petersen. »Da passt es eigentlich ganz gut, dass er gestern fortgespült wurde. Ab jetzt komme ich ganz bequem mit einem stabilen BMW X5 nicht zuletzt dank 500 PS und höherem Radstand durch die Fluten.«

Auch gegen weitere Gefahren durch den Klimawandel sieht sich Petersen jetzt gewappnet. »Dank des höheren Gewichts wird mein neuer Wagen jetzt auch nicht mehr so leicht von Tornados oder Sturmböen davongetragen«, freut er sich. »Und falls es mal zu einem Erdrutsch kommen sollte, bin ich dank Allradantrieb bestens für das Offroadfahren gerüstet.«

Einziger Nachteil des Neuwagens: Er verbraucht deutlich mehr Kraftstoff und verursacht mehr Emissionen als Petersens bisheriges Fahrzeug. »Aber das muss ich eben in Kauf nehmen«, so der 53-Jährige. »Da kann ich ja nix für, dass das Wetter in letzter Zeit immer verrückter spielt.«

Zugleichen teilen: Von ICE überrolltes Ehepaar durch konkurrierende Bestatter abtransportiert

Neues Onlineportal ermöglicht Gastronomen, Gäste zu bewerten

München (dpo) – Jahrelang zitterten Restaurants vor den Onlinebewertungen ihrer Kunden – jetzt schlägt eine Frau aus München zurück. Die Restaurantinhaberin Susanne Zenkert hat mit Guestscore ein Onlineportal gegründet, auf dem Gastronomen ihre Gäste künftig nach einem Sternesystem bewerten können.

»Ungepflegt, riecht nach Zigarettenrauch. Braucht ewig, um Essen aus Speisekarte zu wählen. Mieses Trinkgeld. Einer von fünf Sternen« – solche Sätze finden sich auf dem Portal Guestscore, wo seit dem Start am Wochenende schon mehr als 28 000 Bewertungen einsehbar sind. Die meisten sind positiv, doch auch einige negative in drastischer Sprache sind darunter.

Aus Sicht von Susanne Zenkert war es höchste Zeit, dass die Gastronomiebranche zurückschlägt. Bei einem Mittagessen in ihrem Restaurant stellt sie uns ihr Projekt vor: »Viel zu lange lassen wir uns schon von unsympathischen Gästen schikanieren, die ungestraft die frechsten Bewertungen abgeben, sobald irgendeine Kleinigkeit nicht passt. Jetzt sollen sie mal selbst spüren, wie sich das anfühlt.«

Dank Guestscore können sich Restaurants nun schon von Anfang an auf die Gäste einstellen. »Wer drei bis fünf Sterne hat, wird wenig Unterschiede zu vorher bemerken. Da sind wir allenfalls noch freundlicher als sonst.«

Anders sei es bei negativ bewerteten Gästen: »Bei Leuten mit zwei Sternen geben wir uns zum Beispiel gar nicht erst Mühe, sondern knallen ihnen ihr Essen lustlos hin. Trinkgeld ist da sowieso nicht zu erwarten«, so Zenkert. »Gäste mit einem Stern schmeißen wir sofort wieder raus. Das sind notorische Störenfriede, Schnorrer oder Zechpreller.«

Ein Mann mit einer Zeitung unterm Arm betritt das Restaurant und setzt sich an einen Einzeltisch. Zenkert wirft einen Blick auf Guestscore, wo neben einem Foto des Gastes steht: »Bestellt nur einen Espresso und geht dann eine Stunde kacken. 1 Stern.«

Die Gastronomin steht auf und verabschiedet sich von unserem Reporter: »Tschüss, ich muss jetzt jemanden rausschmeißen.« Sie hält kurz inne und ergänzt dann: »Und ich würde Ihnen raten, beim Abkassieren zu sagen, dass es geschmeckt hat, und beim Zahlen großzügig aufzurunden. Sonst haben Sie ganz schnell einen schlechten Ruf auf Guestscore weg.«

Dank Übung an Arzthandschriften: Apothekerin entschlüsselt ägyptische Hieroglyphen

Berlin (dpo) – Ägyptologen der Freien Universität Berlin erhielten diese Woche Hilfe aus unerwarteter Richtung. Eine Apothekerin konnte einen bislang als unübersetzbar geltenden Hieroglyphensatz entschlüsseln. Gelungen war ihr dies dank ihrer jahrelangen Übung an Handschriften von Ärzten.

Dass die 55-jährige Apothekerin Luisa Konyen den Text auf Anhieb entzifferte, begeistert die Forscher: »Die Hieroglyphen, um die es hier geht, stammen aus einem erst kürzlich entdeckten Grab aus einer der frühesten Perioden der ägyptischen Geschichte«, erklärt Professor Siegfried Brennert. »Über 5000 Jahre alt und zum Teil sehr schlecht erhalten. Wir arbeiteten seit zwei Jahren daran.«

Eigentlich wollte Konyen nur ihren Ehemann abholen, der als Konservator ebenfalls an der Forschung rund um die Hieroglyphen beteiligt war. Dabei fiel ihr Blick eher zufällig auf eine Passage des Textes, an deren Entzifferung die Wissenschaftler bisher stets gescheitert waren.

»Ah, Sie übersetzen gerade eine Beschreibung des Inventars einer ägyptischen Provinzhauptstadt!«, bemerkte die Apothekerin eher beiläufig. »Und was steht da noch? Irgendwas von einem Feldzug eines Pharaos mit dem Namen Hor Aha. Soso. Schatz, kommst du? Oder seid ihr noch nicht fertig?«

Auf die Frage der schockierten Ägyptologen, wie sie das zustande gebracht habe, entgegnete sie nur: »Also bitte, kennen Sie zum Beispiel Herrn Dr. Pemke, der seine Praxis einen Stock über unserer Apotheke hat? Gegen dessen Sauklaue ist das hier doch wirklich leicht zu lesen.«

Inzwischen hat die FU Berlin Konyen darum gebeten, an der Entzifferung weiterer Texte mitzuwirken – schließlich herrsche Personalmangel, nachdem mehrere Experten nach der ersten Glanzleistung der Apothekerin entnervt ihre Karrieren beendeten.

Wegen Chipmangel: VEB Sachsenring nimmt Produktion von Trabant wieder auf

Zwickau (dpo) – Der weltweite Chipmangel lähmt auch in Deutschland die Industrie. Autos können nicht fertiggestellt werden, weil die wichtigen Prozessoren fehlen. Die VEB Sachsenring Automobilwerke Zwickau nutzen diese Verknappung zu ihrem Vorteil und mischen derzeit mit dem völlig chiplosen Modell »Trabant 601« den Markt auf. Der Kundenandrang ist enorm.

»Als wir gemerkt haben, dass alle großen Automobilhersteller derzeit nicht oder nur sehr eingeschränkt liefern können, haben wir unsere alten Baupläne noch mal überprüft und festgestellt, dass unser Erfolgsmodell Trabant vollkommen ohne Mikrochips und andere aufwendige Bauteile auskommt, die derzeit nicht verfügbar sind«, erklärt Maik Ronny aus der VEB-Gruppenleitung Technik. »Seitdem wird hier wieder fleißig geschraubt.«

Angesichts der großen Zahl der »Trabis«, die hier Tag für Tag die Werkshalle verlassen, schwenken viele Kunden, die

bereits bei anderen Herstellern bestellt hatten, auf den Trabant um. »Auf meinen Passat hätte ich noch mindestens zwei Monate warten müssen«, meint etwa Susanne Berthold aus Stuttgart, während sie gerade ihren nagelneuen Trabant in Moosgrün entgegennimmt. »Ich bin froh, dass ich bei VW storniert habe. Hier habe ich zwar keinen Bordcomputer dabei, aber dafür habe ich mir für einen geringen Aufpreis das RFT A 345 Blankenburg Autoradio einbauen lassen. Damit empfängt man sogar Westsender!«

Auch aus dem Ausland erreichen den Zwickauer Betrieb zahllose Bestellungen. »Unsere Auftragsbücher sind voll«, so Ronny. »Wenn das so weitergeht, müssen auch wir die Produktion bald wieder zurückfahren, weil uns das Duroplast für die Karosserie allmählich ausgeht.«

10 Dinge, die man unbedingt tun sollte, bevor man stirbt

Das Leben ist kurz und es gibt viel zu entdecken und zu unternehmen. Doch worauf kommt es wirklich an? Wir haben zehn Dinge gesammelt, die Sie unbedingt tun sollten, bevor Sie sterben:

1. den Fallschirm öffnen

Sie sind im Geschwindigkeitsrausch und möchten am liebsten gar nicht mehr aufhören, dieses schöne Gefühl vom freien Fall zu spüren. Trotzdem sollten Sie unbedingt den Fallschirm öffnen und sicher zu Boden gleiten, bevor Sie am Boden zerplatzen wie eine volle Milchtüte.

2. aufhören, den Kampfsportler zu provozieren

Klar: Es macht riesigen Spaß, diesen zwei Meter großen Muskelberg mit kecken Sprüchen aufzuziehen – noch dazu, weil er Ihnen intellektuell nicht gewachsen ist. Dennoch gehört »damit aufhören, den Kampfsportler zu provozieren« absolut zu jenen Dingen, die man vor seinem plötzlichen Tod durch mehrere Faustschläge unbedingt gemacht haben sollte.

3. sofort wieder aus dem Löwengehege rausklettern

Ach du liebe Zeit! Wie haben Sie denn das jetzt wieder geschafft? Na egal. Lassen Sie sich auf jeden Fall gesagt sein, dass Sie vor Ihrem Tod unbedingt wieder aus dem Löwengehege rausklettern sollten, bevor eine der Großkatzen auf Sie aufmerksam wird. Alle, die das schon einmal gemacht haben, berichten davon, dass es ein herrliches Gefühl ist, nicht brutal zerfleischt und dann gefressen zu werden.

4. sich warm anziehen

»Zieh dich warm an, sonst holst du dir den Tod!« – zumindest wenn man Ihrer Mutter glaubt, ist das Tragen warmer Kleidung eine weitere Sache, die man unbedingt machen sollte, bevor man stirbt.

Erlesener Geschmack: Innenarchitekt bezieht Einrichtungsideen aus Büchern

5. bremsen, bevor man den Abgrund erreicht hat

Schon seit Jahrzehnten raten Verkehrsexperten zu einer defensiven Fahrweise. Dazu gehört es auch, zu bremsen, bevor Sie mit Ihrem Fahrzeug den tödlichen Abgrund vor Ihnen erreicht haben. So setzen Sie Ihre Fahrt schon kurz darauf in eine andere Richtung fort, während Sie gleichzeitig angenehm lebendig und in einem Stück sind.

6. davon Abstand nehmen, den Propheten zu beleidigen

Jeder Mensch mag Humor und flotte Sprüche. Doch sollten Sie auf keinen Fall so weit gehen, den Propheten zu beleidigen, indem Sie sich etwa über seinen Bart, seine Manneskraft oder seine Zähne lustig machen. So können Sie sich über angenehme Jahre freuen, in denen Sie nicht von einem wütenden Mob gelyncht oder von Terroristen brutal getötet werden.

7. beim Russisch Roulette nur zusehen, statt mitzuspielen

Russisch Roulette ist zweifelsohne ein Spiel voller Spannung und Emotionen. Aber haben Sie schon einmal darüber nachgedacht, vielleicht lieber am Rand zu sitzen und beispielsweise das Ergebnis mitzuschreiben? Somit ersparen Sie sich im Zweifelsfall einen plötzlichen Tod durch Erschießen, der Ihre Mitspieler nur in Erklärungsnot bringt.

8. den Jemen schnellstmöglich verlassen

Dieser Punkt steht bei vielen Bewohnern des Bürgerkriegslandes Jemen ganz oben auf der Liste mit Dingen, die sie unbedingt tun wollen, bevor sie sterben, und ist somit ein absolutes Muss! Geht alternativ auch mit Syrien, Afghanistan oder Berlin-Neukölln.

9. der Versuchung widerstehen, diesen unbekannten Pilz zu essen

Und sieht er auch noch so köstlich aus, lassen Sie die Finger und vor allem die Zähne von diesem Pilz, ehe Sie sterben! Na gut, unsretwegen dürfen Sie maximal ein klitzekleines Stückchen dran knabbern. Das dürfte maximal Magenkrämpfe und Schüttelfrost nach sich ziehen. Aber mehr nicht!

10. sich nicht zu Tode ärgern über diese dämliche Liste

Auch wenn es einen stinksauer macht, dass diese ganze Liste nur auf diesem einen Gag basiert, dass man erwartet, es geht um tolle Dinge, die man unbedingt erlebt haben sollte, und dann kommen lauter gefährliche Dinge, die man nicht tun sollte, sollte man sich darüber unbedingt nicht zu Tode ärgern, bevor man stirbt!

ben da unterschiedliche Vorstellungen: Theaterchefs können keinen einheitlichen Wiedereröffnungstermin festlegen

»Privat baue ich schon länger Nutzpflanzen an« – Özdemir freut sich auf Landwirtschaftsministerium

Berlin (dpo) – Es wäre die Sensation im Postenpoker: Cem Özdemir (Grüne) gilt als heißer Anwärter für die Übernahme des Landwirtschaftsministeriums. Er selbst freut sich bereits nach eigenen Angaben auf seinen neuen Job und verweist darauf, dass er privat schon viele Erfahrungen im Anbau von Pflanzen gesammelt habe.

»Ich baue seit Jahren Nutzpflanzen in meinem Keller und auf meiner Dachterrasse an und habe daher große landwirtschaftliche Expertise«, so der künftige Bundesminister. »Meinen grünen Daumen werde ich nun mit großer Leidenschaft auf nationaler Ebene zum Wohl unserer schönen Natur einbringen.«

Insgesamt plant Özdemir, die deutsche Landwirtschaft vermehrt auf den Anbau von Pflanzen umzustellen, aus denen sich etwa Seile, Fasern, ballaststoffreiche Samen und Öle herstellen lassen.

»Moment mal!«, so Özdemir. »Im Koalitionsvertrag steht ja, dass wir Gras jetzt ernsthaft legalisieren. Da muss ich ja gar nicht mehr um den heißen Brei rumreden. Es geht um Kiffen, Kiffen und noch mal Kiffen! Und ich werde den Anbau dafür organisieren. Yeah!«

Allbenzin: Koffeinshampoo eignet sich hervorragend als Raumschifftreibstoff

»Jetzt ist eh schon wurscht« – Scheuer nutzt letzten Tag im Amt, um Bayerns Autobahnen vergolden zu lassen

Berlin, München (dpo) – Zum Schluss lässt er es noch einmal krachen: An seinem letzten Tag im Amt hat der scheidende Bundesverkehrsminister Andreas Scheuer die sofortige Vergoldung aller bayerischen Autobahnen veranlasst. Insgesamt wird das Projekt »Bavaria Aurea« den Steuerzahler voraussichtlich 450 Milliarden Euro kosten.

»Jetzt ist eh schon wurscht«, murmelt Scheuer, bevor er die nötigen Verträge unterschreibt. »Morgen bin ich hier raus und mir kann keiner mehr was. Und dann soll sich das am Ende wenigstens noch mal richtig lohnen für die Heimat.«

Immerhin ist in der nächsten Regierung nicht ein einziger bayerischer Minister. »Furchtbar!«, so der noch amtierende Verkehrsminister. »So, jetzt muss ich mich aber konzentrieren: A … n … d … i … S … c … h … e … u … e … r … Geschafft!«

Das Vorhaben des Verkehrsministers sieht vor, dass alle 2548 Kilometer Autobahn, über die der Freistaat Bayern verfügt, mit einer Schicht von einem halben Millimeter Gold (24 Karat) überzogen werden.

»Das sieht nicht nur gut aus, das schont auch den Asphalt«, so Scheuer. »Und außerdem ist das ja nicht nur was für Bayern, sondern da haben ja alle Deutschen was davon, wenn sie mal unseren schönen Freistaat mit dem Auto besuchen.«

Dass das Prestigeprojekt mit etwa 450 Milliarden Euro Kosten zu Buche schlägt, sieht Scheuer entspannt: »Das ist ja dann nicht mehr mein Problem. Das ist dann das Problem vom Lindner.«

Kammerrad: Soldat darf Hometrainer von Mitbewohner benutzen

30 frische Alternativen, die man statt »Guten Morgen!« sagen kann

Der Morgen – viertliebste Tageszeit der Deutschen. Und trotzdem existiert nur eine sehr begrenzte Auswahl an Grüßen, die man morgens benutzen kann, wenn man anderen Menschen begegnet. Damit es nicht immer nur bei den altbekannten Standards »Guten Morgen!«, »Morgen!« und »Moin!« bleibt, hat der Postillon Experten konsultiert und 30 Alternativen gesammelt, mit denen Sie künftig morgens grüßen können:

1. Guten Antiabend!

2. Wohligen Frühstundsgruß!

3. Plitziplotzi!

4. Hat unsere Erde die Umdrehung also doch wieder geschafft, Wahnsinn!

5. KAAAAAFFFFFFEEEEEEEEE!!!!

6. O weh! Der Tag setzt an! Unheil droht!

7. Mögen dich die Götter der Morgenröte zärtlich am Hinterkopf küssen!

8. Ghuden Morkhän!

9. Argh! Vermaledeites Licht!

10. *eisiges Schweigen*

11. Ach, ist es schön, dich jetzt zu seh'n | Willst du mit mir durch's Heute geh'n? | Und schaue, wie die Sonne lacht | Sie hat uns diesen Tag gebracht. | Ein Hoch auf dieses Morgenlicht | Was Schön'res gibt es wahrlich nicht.

12. Wache! Wache bis zum Abend!

13. Dasselbe, was ich dir gestern sagte!

14. Hallihallohallöchenhollihallihohoho!

15. Eine rote Sonne geht auf. Heute Nacht ist Blut vergossen worden.

16. Morgenstund, du dummer Hund!

17. Möge dies der Start eines Tages sein, an dem es Gulasch gibt!

18. Heil Satan!

19. !negroM netuG

20. Kikeriki!

21. Halt einfach nur deine dumme Fresse, ey!

22. Ein Hoch auf die parlamentarische Demokratie!

23. Guhuhuhuhutehehehehen Mohohohohohorgehehehehehen!

24. Deinem Mundgeruch nach zu urteilen muss es morgens sein!

25. ???? ?? ????!

26. Morgen Schmorgen Morchelschorle.

27. Neuer Tag, neues Glück! Aber auch die Chance, wieder alles zu verkacken … Menno!

28. Ich widerspreche hiermit dem Anbruch dieses Tages und verweigere meine Einwilligung, dem Fortschreiten der Zeit Folge zu leisten.

29. Abend. Morgen. Mittag. Was sind schon Tages- und Jahreszeiten im Auge des Ewigen?

30. Furunkel und Karbunkel – jetzt ist es nicht mehr dunkel!

Clever: McDonald's eröffnet Bekleidungskette für Übergrößen

Chicago (dpo) – McDonald's wagt sich ins Klamottengeschäft. Wie die Fast-Food-Kette heute mitteilte, sollen in mehr als 100 Ländern unter dem Namen »McDress« Bekleidungsgeschäfte für Übergrößen entstehen. Aussagen des Fast-Food-Riesen zufolge wolle man »Synergieeffekte nutzen«.

»Wir haben festgestellt, dass im Umfeld unserer Restaurants eine stark erhöhte Nachfrage nach Kleidungsstücken in Übergröße besteht«, erklärt ein McDonald's-Sprecher. »Warum genau das so ist, können wir uns auch nicht erklären. Aber diese Nachfrage möchten wir gerne bedienen.«

Ähnlich wie schon bei den McCafés sollen McDress-Shops als kleine Boutiquen innerhalb von McDonald's-Filialen eingerichtet werden. Das Sortiment umfasst in erster Linie die Größen XXXL, XXXXL, XXXXXL, XXXXXXL, XXXXXXXL, XXXXXXXXL, XXXXXXXXXL sowie XXXXXXXXXXL. Restauranttoiletten können als Umkleidekabine genutzt werden.

Das Kalkül: Viele Kunden kaufen direkt nach dem Essen auch noch das eine oder andere Kleidungsstück, bevor sie das Restaurant verlassen. Manche davon sogar fast zwangsläufig, weil ihnen ein Hemdknopf weggeplatzt oder der Hosenboden beim Aufstehen gerissen ist.

Zusätzliche Kaufanreize sollen Rabattaktionen geben. So gibt es etwa beim Kauf von zwei Super-Sparmenüs mit Pommes und Softdrink ein Kleidungsstück 10 Prozent günstiger.

ARD nimmt »Maischberger«, »hart aber fair« und »Anne Will« aus dem Programm, weil Lauterbach bald keine Zeit mehr hat

Berlin (dpo) – Damit hat sich das Sendekonzept erledigt: Weil der designierte Bundesgesundheitsminister Karl Lauterbach (SPD) künftig beruflich stärker eingespannt sein wird, hat die ARD angekündigt, die Sendungen »Maischberger. Die Woche«, »hart aber fair« und »Anne Will« einzustellen.

»Dass Karl Lauterbach Gesundheitsminister werden soll, zwingt uns, unser Sendekonzept sofort anzupassen«, erklärte ARD-Chef Tom Buhrow. »Tatsächlich war Karl Lauterbach für das Jahr 2022 bereits in 281 Aufzeichnungen fest als Gast eingeplant. Diese Auftritte sind wohl jetzt alle abgesagt, was uns schon allein organisatorisch komplett ins Chaos stürzt.«

Zudem habe die Sendeleitung durchrechnen lassen, dass sich das Fehlen Karl Lauterbachs auf fatale Weise auf die Einschaltquoten auswirken dürfte. »Er polarisiert stark«, räumt Buhrow ein. »Das hat uns natürlich unglaublich viele Zuschauer gebracht, die ihn entweder anfeuern oder sich über ihn aufregen wollten. Sahra Wagenknecht und Wolfgang Kubicki können das alleine nicht stemmen.«

Beim ZDF hingegen herrscht derzeit noch Ruhe. Gerüchten zufolge stehen die Mainzer in direkten Verhandlungen mit Lauterbach. Es geht offenbar darum, das Studio der Show »Markus Lanz« direkt ins Gesundheitsministerium zu verlegen.

»Wow! Meine Eltern müssen Superhelden sein« –

kleiner Timmy (9) findet Latexkleidung, Handschellen, Peitsche und vibrierenden Gummiknüppel in Schlafzimmerschrank

Saarbrücken (dpo) – Mutter und Vater bei Tag, Helden im Kampf gegen das Verbrechen bei Nacht – so stellt sich der kleine Timmy (9) das Leben seiner Eltern vor. Seit der Junge im elterlichen Schlafzimmer Latexkleidung, Handschellen, eine Peitsche und einen vibrierenden Gummiknüppel gefunden hat, hält er die beiden für heimliche Superhelden.

»Ich hab immer gedacht, die sind voll doof und langweilig«, berichtet der Neunjährige nach seinem Fund. »Dabei sind sie echte Helden wie Batman oder Green Lantern. Mit diesem quietschigen Plastikkostüm da erschrecken sie sicher jeden Bösewicht. Und dann kriegt der auch noch eins mit der Peitsche drüber oder mit diesem komischen Seil mit Perlen und zack ist er k.o.«

Er hält zwei an einer Batterie hängende Zangen hoch und pfeift anerkennend. »Wow! Damit bringen sie bestimmt jeden Bösewicht zum Reden.«

Dass seine Eltern die ganze Zeit heimliche Helden waren, erklärt auch, warum die beiden ihn oft früh ins Bett schicken und sich dann ins Schlafzimmer zurückziehen. »Die müssen ja dann raus und für Recht und Gerechtigkeit einstehen«, so Timmy. »Außerdem glaub ich, dass sie manchmal auch hier zu Hause gegen fiese Bösewichte kämpfen, weil man da auch so Geräusche hört. Ihr Erzfeind ist eine Frau und heißt Gebieterin, weil mein Vater immer ihren Namen ruft, wenn sie kämpfen.«

Künftig will Timmy seine Eltern im Kampf gegen das Verbrechen unterstützen. »Das nächste Mal, wenn ich was höre, renne ich einfach mit meinem Baseballschläger und lautem Gebrüll ins Schlafzimmer und jage den Feind davon«, erklärt er. »Die werden Augen machen!«

Durch Terrassentür entwischt: Familie sucht Nachbarschaft nach Saugroboter ab

Dortmund (dpo) – Die Gehbachs sind verzweifelt: Weil versehentlich die Terrassentür offen stand, ist der vierköpfigen Familie aus Dortmund der Staubsaugerroboter entwischt. Trotz zahlreicher Zettel, die sie inzwischen in der ganzen Nachbarschaft angebracht haben, ist ihr geliebtes Putzgerät bislang nicht wieder aufgetaucht.

»Das hat er wirklich noch nie gemacht!«, äußert sich Vater Dietmar Gehbach bestürzt. Den ganzen Garten habe er abgesucht, doch der Saugroboter sei unauffindbar gewesen. Den Spuren nach zu urteilen, ist der automatische Staubsauger vom Vorgarten aus direkt auf die Straße gefahren. »Ich hoffe natürlich sehr, dass er nicht von einem Auto überfahren wurde und noch rechtzeitig gefunden werden kann. Wir machen uns große Sorgen.«

Während Tochter Anna (8) fleißig Plakate klebt, klingeln Dietmar und seine Frau Annette Gehbach bei Nachbarn und bitten sie, die Augen offen zu halten und in ihren Kellern oder Garagen nachzuschauen, ob der Staubsauger eventuell dort gefangen ist und nicht mehr von alleine herauskommt.

»Die Zeit eilt leider«, so Annette Gehbach. »Wer weiß, wie lang der Akku von unserem Kleinen noch reicht. Also außer er ist inzwischen einer anderen Familie zugelaufen und wird von denen geladen. Aber dann sehen die ja hoffentlich bald einen unserer Zettel.«

Eines haben sich die Gehbachs schon jetzt vorgenommen: »Wenn wir ihn wiederfinden«, erklärt Dietmar Gehbach, »bekommt er auf jeden Fall eine Staubsaugermarke mit unserer Telefonnummer oder mit GPS-Tracker, damit so etwas nicht noch mal passiert.«

»Zum Glück nur ein Albtraum!« – Ungeimpfter auf Intensivstation träumte, er habe sich impfen lassen

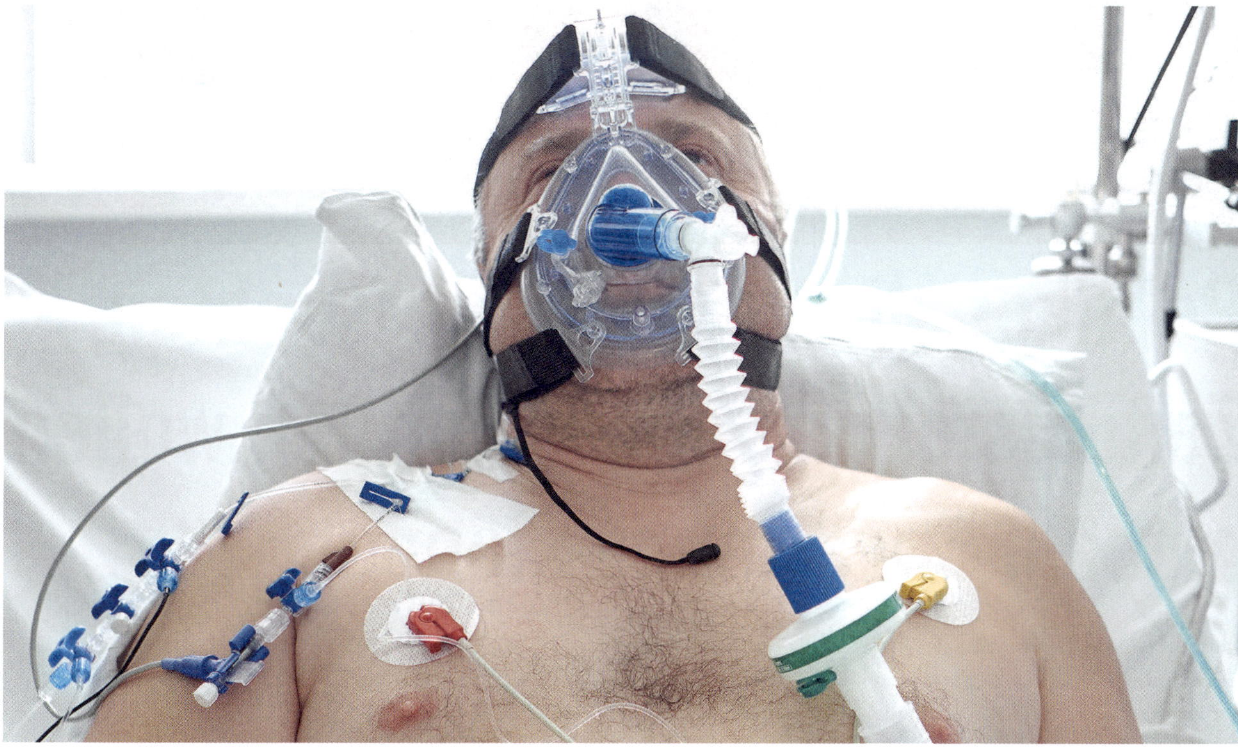

Leipzig (dpo) – Was für eine Erleichterung! Ein ungeimpfter Covid-19-Patient (63) auf der Intensivstation des Leipziger St.-Georg-Klinikums ist soeben schweißgebadet aus einem schlimmen Albtraum erwacht, in dem er sich hat impfen lassen.

»Puh! Zum Glück war das alles nicht echt«, röchelt Konrad Kneblitz. »Ich hab wirklich geträumt, dass ich in ein Impfzentrum gegangen bin und mich hab impfen lassen. Wie furchtbar! Mit diesem schlimmen Genzeug! Das hat sich total real angefühlt.«

Er blickt nervös auf seinen Oberarm und stellt beruhigt fest, dass darin nur vier Kanülen mit starken Medikamenten stecken, aber kein Impfpflaster zu sehen ist. »Sehr gut. An mir wird die Pharmamafia kein Geld verdienen«, denkt er dabei zufrieden.

Der Blick zur Seite scheint Kneblitz jedoch zu viel Kraft gekostet zu haben. Kurz darauf versinkt er wieder in Bewusstlosigkeit und wird von einem weiteren Albtraum geplagt. Diesmal trägt er freiwillig eine Maske so, dass sie auch seine Nase bedeckt.

Rhein gefallen: Anwohner vertrauten Falschmeldung über niedrigen Pegelstand

Politiker, die erfolglos versuchten, Zeitumstellung abzuschaffen, wollen globale Erwärmung stoppen

Glasgow (dpo) – Das werden sie sicher hinbekommen! Zahlreiche Staats- und Regierungschefs aus aller Welt haben sich beim UN-Klimagipfel in Glasgow versammelt, um der globalen Erwärmung Einhalt zu gebieten – darunter auch etliche europäische Politiker, die zuvor nur knapp daran gescheitert waren, den mächtigen Gegner »Zeitumstellung« zu besiegen.

»Ich erwarte eine weltweite Übereinkunft über klare Regeln, wie Länder ihre nationalen Fortschritte beim Emissionsrückgang transparent und nachvollziehbar messen können«, erklärte etwa EU-Kommissionspräsidentin und Gipfelteilnehmerin Ursula von der Leyen, unter deren Federführung sich die EU bislang nicht auf eine gemeinsame Uhrzeit einigen konnte.

Auch andere europäische Politiker, die nach ständigen Streitereien daran gescheitert waren, gemeinsam eine zweimal jährlich stattfindende Vor- oder Rückverschiebung des Stundenzeigers auf Uhren abzuschaffen, äußerten ihre Bereitschaft zu mehr Kooperation und Konsequenz beim Kampf gegen die unzähligen Herausforderungen der globalen Erwärmung.

Experten betonen schon seit Jahren die Dringlichkeit, mit der nun klare Maßnahmen gegen den Klimawandel nötig sind. »Es ist jetzt wirklich fünf vor zwölf«, erklärt etwa Klimaforscherin Eva Gröne. »Ach nee, Moment, fünf vor elf! Diese beschissene Zeitumstellung war ja am Sonntag! Wollte die EU die nicht abschaffen, verdammt!? Kriegen diese Pfeifen eigentlich überhaupt irgendwas gebacken? Das ist doch zum Verrücktwerden!«

Grün, der Feta!: George Washington und Benjamin Franklin beanstanden verschimmelten Schafskäse

Weil er es kann: Jeff Bezos verpflichtet Lionel Messi für 500 Millionen Euro im Jahr

Seattle, Barcelona (dpo) – Man darf sich auch mal was gönnen: Ex-Amazon-Chef Jeff Bezos hat heute überraschend die Verpflichtung von Lionel Messi (34) bekannt gegeben. Der Fußball-Superstar soll von Bezos ein jährliches Gehalt von 500 Millionen Euro bekommen. Das bestätigte heute Messis Vater und Berater Jorge.

»Lionel war erst skeptisch, ob das der richtige Karriereschritt für ihn ist«, so Messi senior. »Aber die ökonomischen Argumente, die für einen Wechsel zu Jeff Bezos sprechen, haben ihn letztendlich überzeugt.«

Welche Rolle Messi bei seinem neuen Arbeitgeber spielen wird, ist derzeit noch unklar.

»Ich weiß noch nicht genau, was ich mit ihm anfange, aber mir wird schon noch was einfallen«, erklärte Bezos. »Vielleicht wird er der neue Chef von Amazon oder einfach nur ein sehr schneller Paketzusteller. Mal sehen. Vielleicht schieße ich ihn aber auch ins All oder beschäftige ihn einfach als Butler.«

Bis dahin darf der sechsmalige Weltfußballer auf dem Anwesen von Bezos herumtollen und sich in Form halten.

Endlich stressfrei in den Urlaub:

TÜV lässt Dachgepäckträger auch für Kinder zu

Köln (dpo) – »Wann sind wir endlich daaaaaa?!«, »Ich muss aufs Klo!«, »Susanne hat mich gekraaaaaaaaatzt!« – so oder so ähnlich hört es sich nahezu ununterbrochen an, wenn man mit Kindern in den Urlaub fährt. Doch damit dürfte nun Schluss sein, denn der TÜV hat Dachgepäckträger endlich auch für Kinder zugelassen.

»Verkehrsstudien zeigen, dass Stress und Ablenkung des Fahrers zu den Hauptursachen für erhöhte Unfallgefahr gehören«, heißt es in einer gemeinsamen Pressemitteilung von TÜV Nord, TÜV Süd und TÜV Rheinland. »Um die Verkehrssicherheit – insbesondere bei langen Urlaubsfahrten – zu erhöhen, ist es daher seit 1. Juli erlaubt, Kinder auf dem Dachgepäckträger zu befördern.«

Bis zu vier Kinder dürfen demnach auf dem Gepäckträger Platz nehmen, bei größeren Autos in Ausnahmefällen auch sechs. Wichtigste Voraussetzung seien ordnungsgemäß und sicher angebrachte Kindersitze sowie ausreichende Anschnallmöglichkeiten. Diese müssen vor der ersten Fahrt mit Kindern von der örtlichen TÜV-Prüfstelle begutachtet und freigegeben werden.

Viele Eltern nutzen diese neue Reisevariante bereits und genießen sie in vollen Zügen.

»Ja, das ist natürlich herrlich!«, erzählt etwa Mareike Hoffmann (31). Sie, ihr Mann Leonhard (31) und ihre beiden Kinder Jeanette (7) und Sören (2) sind auf diese Weise von Köln bis an den Gardasee gefahren. »So entspannt war die Fahrt für uns noch nie. Wir haben die Stille richtig genossen, konnten die Musik hören, auf die wir Lust hatten, und in Ruhe die Landschaft auf uns wirken lassen. Und unsere Kleinen? Die sind endlich mal richtig lange an der frischen Luft. Ich freue mich jetzt schon auf die Heimreise!«

Ganz sollten Eltern aber ihre erzieherischen Pflichten auch bei Kindern auf dem Gepäckträger nicht vernachlässigen. Es wird empfohlen, alle 100 bis 200 Kilometer anzuhalten, um nach dem Rechten zu sehen und den Kindern etwaige Insekten aus dem Gesicht zu entfernen. Zudem sollte eine Höchstgeschwindigkeit von 220 Stundenkilometern aus Gründen der Aerodynamik nicht überschritten werden.

Mikrofonpanne: Wettermoderator spricht versehentlich 20 Minuten lang in Terrier

Frankfurt (dpo) – Bei der Aufzeichnung einer Wettermoderation für die hr-Sendung »Maintower« ist es heute zu einer peinlichen Panne gekommen. Statt in sein Mikrofon mit Windschutz sprach Wetterexperte Thomas Ranft mehr als 20 Minuten lang in einen kleinen weißen Terrier.

Schon zu Beginn seines Wettersegments schien Ranft irritiert, weil sich sein vermeintliches Mikrofon immer wieder minimal bewegte. Zudem war seine Moderation für die Zuschauer vor den Empfangsgeräten so gut wie gar nicht zu verstehen.

»Ich habe mich schon gewundert, warum sich das Mikro heute so komisch anfühlte«, so Ranft. »Außerdem roch es irgendwie streng und hechelte gelegentlich. Das machen die sonst eigentlich nie, aber ich dachte zunächst, das wäre einfach ein neues Fabrikat.«

Erst als ein Tontechniker versuchte, das Mikrofon neu zu verkabeln, fiel die Verwechslung auf – das »Mikrofon« biss den Mann in die Hand und lief knurrend davon.

Einen ungewöhnlichen Arbeitstag hatte auch hr-Praktikantin Susanna Vogt. Die 19-Jährige wollte in ihrer Mittagspause den Redaktionshund Fridolin spazieren führen – nur um nach mehreren Hinweisen von Passanten zu merken, dass sie ein Mikrofon hinter sich herzog.

Stofftier: Schmuggler versteckt Drogen in Teddy

Leben von langjährigem »Merkel muss weg!«-Schreier plötzlich kalt und leer

Gotha (dpo) – Seit über einem Jahrzehnt hat er das Ende der Kanzlerschaft Angela Merkels herbeigesehnt – doch jetzt, da er sein Ziel erreicht hat, fühlt sich das Leben von Thorsten Kellner aus Gotha plötzlich kalt, einsam und leer an.

»›Merkel muss weg! Merkel muss weg!‹, das habe ich bei so vielen Demos gerufen, habe es in so vielen Facebook-Chats gefordert, habe sogar Aufkleber mit diesem Spruch verteilt«, sinniert Kellner. »Ich dachte immer, es wird ein riesiger Glücksmoment für mich, wenn sich mein größter Wunsch endlich erfüllt!«

Stattdessen wirkt er nun apathisch, niedergeschlagen. »Was soll ich denn jetzt posten? ›Scholz muss weg‹? Das fühlt sich einfach nicht gleich an«, seufzt er. »Und außerdem ist der doch gerade erst gekommen. Ich hasse den noch gar nicht richtig.«

Er scrollt durch alte Facebook- und Telegram-Chats. »Hier, sehen Sie, Ferkel hab ich sie auch immer genannt. Oder Murksel. Genial, oder?« Erst jetzt merkt er, dass ihn mit seinen Onlinefreunden außer dem gemeinsamen Hass auf Merkel nichts verbindet.

Eine Träne läuft ihm über die Wange. »Ich weiß nicht, ob ich jemals wieder in meinem Leben so ein Glück spüren werde wie in den Merkeljahren. Wenn ich könnte, würde ich sie sofort wieder ins Amt wählen. Also, wenn Sie mich fragen: Merkel muss wieder her! Merkel muss wieder her!«

Glück im Unglück: BER-Warteschlange für Flug nach Hamburg endet in Hamburg

Berlin, Hamburg (dpo) – Seit Tagen kommt der berüchtigte Flughafen BER nicht aus den Schlagzeilen, weil die Wartezeiten an den Abflugschaltern immer länger werden. Reisende, die ursprünglich nach Hamburg fliegen wollten, mussten jetzt sogar feststellen, dass sie sich ihren Flug eigentlich sparen können, weil die Warteschlange an ihrem Ziel endete.

»Als ich beim BER ankam und mein Gepäck für meinen Flug nach Hamburg aufgeben wollte, musste ich feststellen, dass da schon eine ewig lange Schlange ist«, erzählt eine Geschäftsreisende. »Also versuchte ich, ihr Ende zu erreichen. Doch das kam und kam nicht. Im Nachhinein hätte ich wohl skeptisch sein müssen, weil die Männer vorne in der Schlange allesamt lange Bärte trugen. Wer weiß, wie lange die da schon warteten!«

Als sie endlich mit ihrem Rollkoffer das Ende der Schlange erreichte, habe sie nicht schlecht gestaunt. »Ich schau mich um und seh plötzlich die Speicherstadt und die Deichtorhallen, und da merke ich, dass ich ja schon in Hamburg bin.«

Da sie ihr Ziel bereits erreicht hat, will sie nun ihren eigentlich geplanten Flug stornieren. Leider muss sie sich dafür in einer anderen Schlange anstellen, die in München endet.

STUDIE

Behauptung »Den hätte ja selbst meine Oma reingemacht« meist dreist gelogen

Köln (dpo) – »Mann! Den hätte ja sogar meine Oma ganz locker reingemacht!« – zu dieser gewagten Behauptung lassen sich leidenschaftliche Fans vor dem TV-Bildschirm immer wieder hinreißen, wenn ein Spieler das Tor verfehlt. Nun zeigten Wissenschaftler der Sporthochschule in Köln in einer Studie, dass die allermeisten Großmütter zu derartigen fußballerischen Leistungen überhaupt nicht in der Lage sind.

»Offenbar werden Großmütter hinsichtlich ihrer motorischen Fähigkeiten meist von ihren Enkeln überschätzt«, so Sportwissenschaftler Heiko Kemmerich. »In der Regel sind sie nicht in der Lage, internationale Top-Torwarte auszutricksen.«

Insgesamt wurden 317 Großmütter, die von ihren Enkeln als treffsichere Goalgetterinnen dargestellt wurden, mithilfe aufwendig nachgestellter Torraumszenen der derzeit laufenden EM auf ihre Torjägerqualitäten getestet. Das niederschmetternde Ergebnis: Bis auf eine (0,3 %) der Probandinnen scheiterten sämtliche Großmütter kläglich.

»Die meisten konnten gar nicht erst das Tempo vorweisen, um zu dem Zeitpunkt, an dem sie die entsprechende Torchance angeblich verwandelt hätten, im Strafraum zu sein«, erklärt Kemmerich. »Und selbst wenn sie rechtzeitig angesprintet kamen, machte es den Damen schwer zu schaffen, dass sie beim Schussversuch heftigst von internationalen Spitzenverteidigern im besten Fußballalter bedrängt und zum Teil brutal abgegrätscht wurden. Alles regelkonform natürlich – auch wenn die meisten Großmütter nicht einmal einen Elfmeter mangels Schusskraft verwandelt hätten.«

Statt mit einem erfolgreichen Torschuss endete der Test für zahlreiche Probandinnen mit schweren Hüftverletzungen, Muskelfaserrissen und Kreislaufproblemen. Zudem wurden mehrere Rollatoren beschädigt.

Die ausgebliebene Kaltschnäuzigkeit hängt möglicherweise auch mit dem psychologischen Druck auf die Seniorinnen zusammen: »Um die hitzige Stadionatmosphäre möglichst realistisch zu simulieren, haben wir lautstarke Ultras engagiert, die die Probandinnen während des kompletten Angriffs ausgepfiffen und beleidigt haben. Das scheint sie zusätzlich verunsichert zu haben.«

Warum Enkel die Fußballqualitäten ihrer Großmütter so sehr überschätzen und sie dadurch unnötig unter Druck setzen, ist unklar.

Bei der einzigen Probandin, die das Tor erfolgreich und weitgehend problemlos erzielte, handelt es sich um Edeltraut Wegner (92) aus Potsdam, die die Konterchance von Thomas Müller gegen England in der 81. Minute nachstellen durfte und den Torwart nach einem Weltklassesprint mit einem Lupfer ausschaltete.

Damit es »wie ein Unfall aussieht«: Mafia bietet Crashkurse an

Rentner auf E-Bike gewinnt 10. Etappe der Tour de France

Valence (dpo) – Die 10. Etappe der Tour de France hat einen Überraschungssieger. Mit großem Vorsprung fuhr ein Rentner mit E-Bike noch vor dem bisherigen Gesamtführenden Tadej Pogačar aus Slowenien ins Ziel der 190,7 Kilometer langen Strecke.

»Das freut mich aber, dass ich hier jetzt sogar was gewonnen habe«, erzählte der 78-jährige Maurice Bernard bei einem Interview nach seiner Siegerehrung. »Dabei wusste ich nicht mal, dass das die Tour de France ist. Ich hab eigentlich einfach nur einen Haufen junger Leute gesehen, die da irgendwo startbereit alle rumstanden mit ihren Rädern, und da dachte ich, ich fahr halt mal mit und schau, was das wird.«

Die große Überraschung: Trotz seines hohen Alters und ohne vorheriges Training konnte Maurice Bernard locker mit den Profis mithalten. »Das ist mir überhaupt nicht schwergefallen. Insbesondere beim Bergaufradeln haben die Jungspunde keine gute Figur gemacht und sind total ins Schwitzen gekommen. Ich hab sogar zwischendurch immer wieder auf sie gewartet.«

Maurice Bernard erhält nun das sogenannte »Graue Trikot«, das traditionellerweise an den ältesten Etappensieger geht, sowie eine Siegprämie von 100 000 Euro.

An der morgigen 11. Etappe der Tour de France will der Amateursportler jedoch nicht teilnehmen. »Ich lad jetzt mein E-Bike und dann fahr ich wieder die 190 Kilometer nach Hause zurück. Meine Frau wird sich schon wundern, wo ich mich wieder rumtreibe«, so der 78-Jährige.

Gurrt: Taube nicht straff genug angeschnallt

Merz verspricht, sich auch für Kleinverdiener mit moderatem Aktiendepot, Miethelikopter und nur einem einzigen Ferienhaus im Ausland einzusetzen

Berlin (dpo) – Er hat es endlich geschafft! Nach 24 erfolglosen Anläufen ist Friedrich Merz zum Parteivorsitzenden der CDU gewählt worden. In seiner Antrittsrede betonte der ehemalige Black Rock-Vorstand, Privatflugzeuginhaber und Multimillionär, dass er sich auch für Kleinverdiener einsetzen will.

»Ich kenne den Ruf, der mir vorauseilt, und deshalb möchte ich ausdrücklich betonen, dass ich keine Politik ausschließlich für reiche Menschen mache, sondern auch diejenigen nicht aus dem Blick verlieren möchte, die weniger Glück haben«, so Merz. »Manche haben eben nicht Millionen auf dem Konto, sondern verfügen nur über ein moderates Aktiendepot im oberen sechsstelligen oder unteren siebenstelligen Bereich. Ich weiß das. Auch ich komme von ganz unten.«

Daher, so führte Merz aus, wolle er sich auch um die Sorgen derer kümmern, die keinen eigenen Helikopter und kein eigenes Flugzeug besitzen, sondern lediglich hin und wieder zu besonderen Anlässen mal einen Helikopter mieten können.

»Manche haben nur ein einziges Ferienhaus im Ausland, manche haben überhaupt keine Jacht, sondern nur ein ziemlich großes Motorboot«, so Merz, dessen Stimme beim Gedanken an all das Leid ins Zittern geriet. »Manche haben nicht mehr als fünf Bedienstete, manche können keinen teuren Champagner, sondern nur teuren Wein trinken. All denen möchte ich ebenfalls eine Stimme geben.«

Dass Merz auch privat für die Schwächeren in der Gesellschaft eintritt, ist schon länger bekannt. So sorgt sein Engagement für die Hilfsorganisation »Ein Herz für Fast-Millionäre« regelmäßig für Aufsehen. Auch unterstützt der Sauerländer seit Jahren die »Aktion Bonzenkind«, »Hummer für die Welt« und die »SOS-Managerdörfer«.

Zurück auf dem Festland: Partyboot legt auf Ibiza an

Versehentlich Hose mitgewaschen: Ganze Ladung Taschentücher mit Jeansflusen übersät

Leverkusen (dpo) – So ein Ärger! Wie jeden zweiten Sonntag im Monat wollte Jonas Lehmann einfach nur eine Ladung verschmutzter Papiertaschentücher waschen. Doch als er die Tür seiner Waschmaschine nach einer Stunde wieder öffnet, bietet sich ihm eine unangenehme Überraschung.

»Ach Mist! Irgendwie muss da eine Jeans mit hineingeraten sein«, flucht der Familienvater. »Und jetzt ist alles voller dunkler Flusen. Das ist weißes Papier, da sieht man die blauen Dinger doch sofort!«

Besonders ärgerlich: Erst vergangene Woche hat Lehmann seiner Familie eine Standpauke gehalten, immer alle Taschentücher noch einmal auf Kleidungsstücke zu überprüfen, bevor sie im Wäschekorb landen.

»Klar kann es mal passieren, dass sich noch eine Hose oder eine Jacke im Taschentuch befindet, wenn man es in die Wäsche gibt«, so Lehmann. »Aber es kostet doch wirklich nicht viel Zeit, einfach noch mal nachzuschauen, bevor dann eine ganze Maschinenladung ruiniert ist. Das weiße Taschentuch hier wollte ich morgen mit ins Büro nehmen. Das kann ich jetzt natürlich vergessen. Außer ich schmeiß die Maschine gleich noch mal an.«

Tatsächlich raten Experten, Taschentücher einfach ein zweites Mal zu waschen, wenn zuvor versehentlich eine Hose oder ein anderes Kleidungsstück in die Wäsche geraten ist. In der Regel sammeln sich die Reste dann beim Gummiring und können entfernt werden.

Köln: Atheisten dürfen künftig einmal pro Woche rufen, dass Gott nicht existiert

Köln (dpo) – In einem Modellprojekt erlaubt die Stadt Köln für die nächsten zwei Jahre den muslimischen Muezzinruf – dabei werden über Lautsprecher einmal wöchentlich freitags Gläubige zum Gebet gerufen. Die Meldung sorgte für viel Aufsehen, während ein weiteres Detail der Maßnahme bislang wenig Beachtung fand: Künftig ist es auch Atheisten gestattet, einmal pro Woche laute Rufe zu verbreiten, dass Gott nicht existiert.

»Wenn Christen mehrmals täglich Glocken läuten und Muslime einmal pro Woche laut verkünden, dass Gott groß ist, muss es Atheisten ebenfalls gestattet sein, ihre Überzeugungen in voller Lautstärke durch das Stadtgebiet dröhnen zu lassen«, so Bürgermeisterin Henriette Reker. »Alles andere wäre ungerecht.«

Der Zentralverband der Atheisten ist bereits auf der Suche nach geeigneten Türmen in der Kölner Innenstadt. Von dort sollen dann einmal wöchentlich die Rufe »Es gibt keinen Gott! Wer etwas anderes sagt, verarscht euch oder sich selbst!«, »Fallt vom Glauben ab! Übernatürliche Gottwesen sind eine Lüge!« oder »Gottesdienst ist Zeitverschwendung!« über große Lautsprecher erschallen.

Die Kosten für die Miete der atheistischen Minarette sollen durch eine Atheistensteuer finanziert werden, die der Staat künftig im Auftrag des Zentralverbands von konfessionslosen Menschen eintreiben wird.

Ob Kölner Atheisten, Muslime und Co. akustisch überhaupt noch verstanden werden, ist dabei ohnehin unklar. Denn auch Vertreter aller anderen Religionen von Buddhismus (»Es gibt keinen Weg zum Glück! Glücklichsein ist der Weg!«) über Scientology (»Hört auf Tom Cruise!«) bis hin zu kleinen Sekten (»Die Jungfrau Maria hatte zwei Nabel!«) und Weltanschauungen wie Agnostizismus (»Wir haben keine Ahnung, ob Gott existiert!«) wollen künftig einen eigenen Ruf starten und könnten so zu einer kakofonischen Dauerlärmbelästigung im öffentlichen Raum beitragen.

20 inspirierende Bibelverse, die unseren Glauben stärken

Tag für Tag sind wir Versuchungen, Anfechtungen und Verlockungen ausgesetzt. Da fällt es oft schwer, sich auf das zu besinnen, was wirklich wichtig ist. Doch Gottes Wort ist in solchen Situationen für uns da. Es ist ein ewiger Quell der Kraft, es erquickt unseren Geist und labt unsere Seele. Wir haben 20 inspirierende Bibelverse gesammelt, die unseren Glauben stärken und auch Ihnen helfen können:

1. Samuel 18,27

Da machte sich David auf und zog hin mit seinen Männern und erschlug unter den Philistern zweihundert Mann. Und David brachte ihre Vorhäute dem König in voller Zahl, um des Königs Schwiegersohn zu werden. Da gab ihm Saul seine Tochter Michal zur Frau.

Danke, lieber Gott. Das gibt uns im Alltag Kraft!

1. Chronik 27,24

Joab, der Sohn der Zeruja, hatte mit der Zählung der Männer Israels angefangen, musste sie aber abbrechen, weil der Herr darüber zornig wurde und Israel strafte. Deshalb stehen die Zahlen nicht in der Chronik.

Halleluja!

Richter 19,29

Als er nun heimkam, nahm er ein Messer, fasste seine Nebenfrau und zerteilte

sie Glied für Glied in zwölf Stücke und sandte sie in das ganze Gebiet Israels.
Die Liebe des Herrn ist in jeder Zeile der Bibel erfassbar.

3. Mose 19,19
[...] Lege kein Kleid an, das aus zweierlei Faden gewebt ist.
Satan führt uns in Versuchung. Wir bleiben stark.

Hesekiel 23,20
Wieder packte sie die Gier nach ihren früheren Liebhabern, deren Glied so groß war wie das eines Esels und die so brünstig waren wie ein Hengst.
Gott ist Liebe.

Psalm 137,9
Wohl dem, der deine jungen Kinder nimmt und sie am Felsen zerschmettert!
Preiset den Herrn!

5. Mose 14,7
Diese Tiere aber sollt ihr nicht essen unter denen, die wiederkäuen oder die gespaltene Klauen haben: das Kamel, den Hasen und den Klippdachs, die wiederkäuen, deren Klauen aber nicht ganz durchgespalten sind; darum sollen sie euch unrein sein.
Wahre, weise Worte.

2. Mose 35,2
[...] Am siebenten Tag [...] sei für euch Sabbat, ein Ruhetag, heilig dem HERRN. Wer an diesem Tag arbeitet, soll sterben.
Gott ist gerecht.

3. Mose 19,27
Ihr sollt euer Haar am Haupt nicht rundherum abschneiden noch euren Bart stutzen.
Der Herr will uns haarig. Wir bleiben haarig.

5. Mose 25,11–12
Wenn zwei Männer in Streit geraten sind und die Frau des einen kommt ihrem bedrängten Mann zu Hilfe und packt den andern bei den Hoden, dann dürft ihr kein Mitleid mit ihr haben; ihr müsst ihr die Hand abhacken.
Hosianna!

1. Könige 7,20
Und es waren zweihundert Granatäpfel in den Reihen ringsum, oben und unten an dem Gitterwerk, das um die Rundung des Knaufs her ging, an jedem Knauf auf beiden Säulen.
Diese Worte gelten heute wie damals.

Sprüche 5,19
Die liebliche Hirschkuh und anmutige Gämse – ihre Brüste sollen dich berauschen jederzeit, in ihrer Liebe sollst du taumeln immerdar!
Herr, hilf uns, diese Worte auch im Alltag umzusetzen!

2. Mose 4,25
Da nahm Zippora einen scharfen Stein und beschnitt ihrem Sohn die Vorhaut und berührte damit seine Scham und sprach: Du bist mir ein Blutbräutigam.
Balsam für die Seele!

Hesekiel 23,21
Ja, sie sehnte sich danach, wieder solche Schandtaten zu begehen wie in ihrer Jugend, als noch die Ägypter ihre jungen Brüste gestreichelt hatten.
Jesus war dabei.

Hesekiel 16,26
Deine Nachbarn, die Ägypter mit dem großen Glied, waren deine besten Freunde; mit ihnen hast du gehurt, um mich zu kränken.
Wer Ohren hat, der höre!

2. Könige 2,23–24
Und er ging hinauf nach Bethel. Und als er den Weg hinanging, kamen kleine Knaben zur Stadt heraus und verspotteten ihn und sprachen zu ihm: Kahlkopf, komm herauf! Kahlkopf, komm herauf! Und er wandte sich um, und als er sie sah, verfluchte er sie im Namen des HERRN. Da kamen zwei Bären aus dem Walde und zerrissen zweiundvierzig von den Kindern.
Heilsame Worte für dunkle Stunden.

4. Mose 31,17
Tötet alle Kinder, die männlichen Geschlechts sind, und alle Frauen, die schon mit einem Mann Verkehr gehabt haben!
Gott, weise uns den Weg!

Hesekiel 44,18
Ihre Turbane und Hosen müssen aus Leinen sein, denn sie dürfen keine Kleidung tragen, in der sie schwitzen.
Schweiß ist des Teufels!

3. Mose 15,19
Wenn eine Frau ihren Blutfluss hat, so soll sie sieben Tage für unrein gelten. Wer sie anrührt, der wird unrein bis zum Abend.
O Gott! Äh ... Oh! Gott! Wir preisen dich!

Sprüche 31,6
Gebt Bier denen, die am Umkommen sind, und Wein den betrübten Seelen.
Amen!

Frisch enthüllte Statue von Prinzessin Diana plötzlich von zahlreichen Paparazzi-Statuen umgeben

London (dpo) – Das war ja mal wieder klar: Nur wenige Stunden nach ihrer feierlichen Enthüllung sind neben der Statue von Prinzessin Diana zahlreiche Paparazzi-Statuen aufgetaucht, die gierig Schnappschüsse von dem Standbild anfertigen.

»Heute Morgen waren sie plötzlich da«, erzählt ein sichtlich verwunderter Gärtner der Grünanlagen nahe des Kensington-Palasts. »Insgesamt 16 verschiedene Paparazzi-Statuen, die wie die Diana-Statue ebenfalls aus Bronze sind. Keine Ahnung, wo die herkommen.«

Die 16 Statuen sind teils im Gebüsch versteckt, nur ihre Kamera ist zu sehen. Andere stehen deutlich sichtbar und provokant vor Diana und scheinen auf eine falsche Bewegung oder eine unbedachte Äußerung zu warten.

Wer die Statuen aus welchem Grund aufgestellt hat, ist unklar. Die Polizei ermittelt im Boulevardzeitungsmilieu.

Derzeit versuchen Arbeiter des Palastes, die dreisten Standbilder mittels Kränen zu entfernen – doch das ist offenbar nicht so einfach, da die Statuen immer wieder in der Nähe auftauchen und ständig ihre Positionen zu wechseln scheinen.

’n Atoll: Kolumbus enttäuscht nach vermeintlicher Entdeckung Amerikas

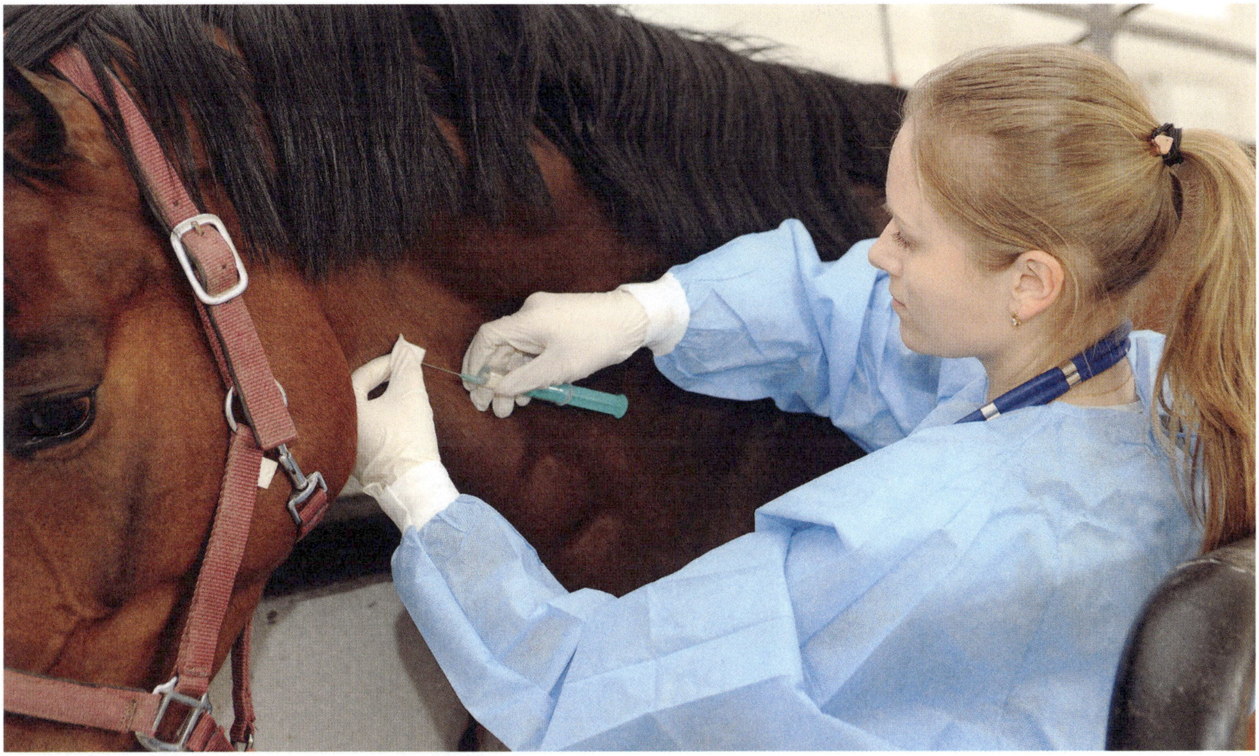

Gegen Wurmbefall: Querdenker-Pferd holt sich Coronaimpfung

Linz (dpo) – Der Schultiermedizin schenkt sie keinen Glauben mehr: Die österreichische Vollblutstute Anka, die derzeit unter Wurmbefall leidet, hat sich heute mit dem Wirkstoff Comirnaty der Firma BioNTech impfen lassen. In den letzten Wochen wird die eigentlich zur Eindämmung der Coronapandemie entwickelte Impfung von immer mehr Querdenker-Pferden als Heilmittel gegen Würmer angepriesen.

»Iiiiihihihich habe auf Pferdegram gelesen, ein ordentlicher Schuss BioNTech direkt in den Muskel hilft am besten gegen Fadenwürmer und Parasiten«, wiehert das Querdenker-Pferd, während es seine Impfung erhält. »Das ist das Einzige, was wirkt. Dafür lege ich meinen Huf ins Feuer.«

Der Tierschulmedizin, die bei Wurmbefall das Pferdeentwurmungsmittel Ivermectin empfiehlt, vertraut die Stute schon lange nicht mehr. »Seit wann haben die denn bitte die Interessen ihrer Patienten im Blick?«, fragt Anka herausfordernd. »Hinter Ivermectin steckt Big Tierpharma. Die wollen doch nur Entwurmer verkaufen und sonst nix.«

Dass sich nun andere Pferde über sie lustig machen, betrübt Anka. »Die haben gar nichts begriffen und sollten mal anfangen, selbst nachzudenken. Das sind alles Schlafschafe. Määääh!«

nes sollte klar sein: Optiker-Azubi wird gefeuert, wenn er wieder beide Brillengläser für Kundin milchig macht

Vorbildlich! Statt am Vatertag mit Kumpels umherzuziehen, besäuft sich dieser Vater mit seinen Kindern

München (dpo) – Das sollte sich so mancher Mann zum Vorbild nehmen: Während viele Väter ausgerechnet am Vatertag ihre Familie allein zu Hause lassen, um sich mit ihren Kumpels zu betrinken, zeigt Peter Rohnheimer aus München, dass es auch anders geht. Er bleibt lieber zu Hause und betrinkt sich mit seinen Kindern.

»Ja, also ich versteh andere Väter da auch nicht so ganz«, lallt Rohnheimer, während er sich die fünfte Flasche Bier öffnet. »Das ist ja auch immer eine Riesenenttäuschung für Kinder, wenn der Vater am Vatertag nicht da ist. Dabei kann man auch prima mit seinen Kindern saufen. Stimmt's, Kinder? Prost!«

Seine Kinder (2, 7 und 8) prosten zurück. »Prost, Papa!« Dann exen Kinder und Vater ihre Gläser fast gleichzeitig. »Mama, machst du uns noch vier Bier klar? Und vielleicht noch vier Kurze? Oder mach lieber drei. Der Finn sieht aus, als würd er gleich kotzen.«

Peter Rohnheimer: Vorbild, Vater – Held.

Nach Einstufung als »nachhaltig«: Europas Atommüll kann künftig im Hauptquartier der EU-Kommission gelagert werden

Brüssel (dpo) – Die EU will Investitionen in Atomkraft künftig als nachhaltig einordnen. Damit dürfte auch die jahrzehntelange Suche nach einem Atommüllendlager beendet sein. Weil radioaktive Abfälle nach der Neueinstufung ebenfalls als nachhaltig und grün zu gelten haben, kann demnach sämtlicher Atommüll Europas problemlos im Hauptquartier der EU-Kommission in Brüssel gelagert werden.

»Uns fällt ein Stein vom Herzen. Damit löst die EU-Kommission die Endlagerproblematik mit einem einzigen genialen Federstrich«, freut sich Umweltwissenschaftlerin Antonia Hoffmann von der TU Bonn. »Denn wer beschließt, dass Kernkraft nachhaltig ist, kann ja nichts dagegen haben, wenn die rund 60 000 Tonnen radioaktiven Mülls, die in Europa in Zwischenlagern vor sich hin strahlen, künftig im eigenen Keller gelagert werden.«

Schon jetzt kommen die ersten Lkw mit Fässern voll mit grünem, nachhaltigem Atommüll aus allen Mitgliedsstaaten am Hauptsitz der EU-Kommission in Brüssel an, wo sie entladen werden. Mehrere Tausend sollen folgen.

»Die ersten Fässer haben wir direkt mal in Ursula von der Leyens Büro abgestellt«, erklärt ein Entsorgungsspezialist des tschechischen Atomkraftwerks Temelin. »Die hat ziemlich rumgebrüllt und wild mit den Armen gefuchtelt. Sicher hat sie nur freundlich Danke gesagt. Ich hab schon gehört, dass auf Deutsch alles ein bisschen ruppiger klingt.«

Es gibt allerdings auch kritische Stimmen. So fürchten einige Wissenschaftler, dass der Atommüll entsetzliche Mutationen vor Ort auslösen könnte. Doch bislang hatten die meisten EU-Bürger für Warnungen vor der Entstehung eines gigantischen Bürokratiemonsters in Brüssel lediglich ein Achselzucken übrig.

Gegen Drängler: Erster Autohersteller bringt auch hinten Lichthupe an

Martorell (dpo) – Das wurde aber auch Zeit! Der spanische Autohersteller Seat verbaut in seine Fahrzeuge künftig serienmäßig auch hinten ein Fernlicht zum schnellen Auf- und Abblenden. Dieses soll Fahrern ermöglichen, insbesondere Dränglern Paroli bieten zu können.

»Seit Jahrzehnten schon herrscht Waffenungleichheit zwischen Dränglern und Gedrängten«, erklärt Seat-Chefentwicklerin Antonia Ruiz. »Während Drängler jederzeit die Lichthupe benutzen oder dicht auffahren konnten, waren Vorausfahrende bislang leider wehrlos. Das ändert sich jetzt.«

Die Rücklichthupe funktioniert ähnlich wie die Lichthupe nach vorne: Per Knopfdruck blendet das Fernlicht nach hinten auf. Meistens, so Ruiz, reiche es schon, einmal ordentlich zurückzublenden, um Drängler zum Aufgeben zu zwingen. Für hartnäckige Fälle besteht aber auch die Möglichkeit, die Leuchtintensität zu erhöhen. Angeboten werden die Stufen »Fernlicht«, »Stroboskop« und »Blendgranate«. »Spätestens bei Stufe 3 gibt praktisch jeder auf.

Experten befürchten nun ein Wettrüsten in der Autobranche. So hat der Hersteller BMW nur Stunden nach der Seat-Ankündigung erklärt, in künftigen Modellen eine per Knopfdruck abtönbare Windschutzscheibe zu verbauen.

»Wahrscheinlich gezielt im Labor entwickelt« – Experten warnen vor Windows-Variante »11«

Redmond (dpo) – Schlechte Nachrichten für PC-Nutzer: Experten haben eine neue Variante von Windows identifiziert. Dabei deutet alles darauf hin, dass »Windows 11« von Menschenhand geschaffen wurde und sich schon bald rasant verbreiten dürfte.

»Die neu entdeckte Variante scheint sich noch schneller zu verbreiten als die vorherige«, befürchtet IT-Experte Geoffrey Bellminster. »Wir befürchten, dass sie bis Ende des Jahres Millionen Rechner in aller Welt infizieren könnte.«

Erschütternd: Es gibt zahlreiche Hinweise, dass Windows 11 nicht auf natürliche Weise entstanden, sondern von Wissenschaftlern bewusst entwickelt wurde. Auch gibt es derzeit noch unbestätigte Gerüchte, dass es Verbindungen zwischen Milliardär Bill Gates und der Variante gibt – es könnte sich dabei jedoch auch um die üblichen Verschwörungstheorien handeln.

Wer seinen Rechner vor der neuen Variante schützen will, sollte ihn möglichst von der Außenwelt abschotten. »Jede Verbindung ins World Wide Web birgt die Gefahr, dass sich die 11er-Variante automatisch installiert«, so Bellminster.

Staatliche Behörden in zahlreichen Ländern erwägen deshalb bereits einen Internet-Lockdown für Windows-Nutzer.

Angelernte: Fischerlehrlinge haben niedrige Fangquote

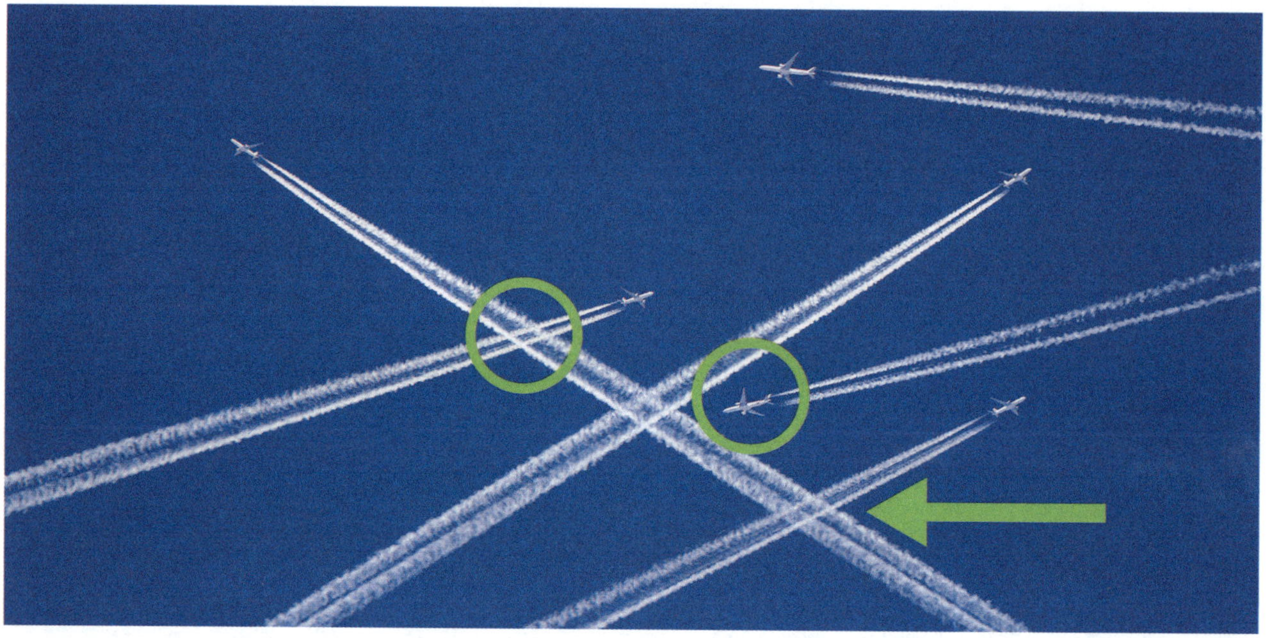

25 Dinge, die Sie garantiert noch nicht über Chemtrails wussten

Fast täglich kann man sie am Himmel sehen: Chemtrails – weiße Streifen, die Flugzeuge am Himmel hinterlassen und die seit Jahren Verschwörungstheoretiker beschäftigen. Doch wie viel wissen Sie eigentlich über die Wolkenlinien? Sicher nicht so viel wie wir, denn wir haben gründlich recherchiert und Experten befragt. Hier sind 25 Dinge, die Sie garantiert noch nicht über Chemtrails wussten:

1. Entdeckt wurden Chemtrails bereits im Jahr 1749 vom australischen Lungenarzt Roger D. Chemtrail. Doch erst nach der Erfindung des Flugzeugs im Jahr 1894 durch den Österreicher Arno Flugzeug konnten sie im großen Stil ausgebracht werden.

2. Bis vor 35 Jahren waren Chemtrails noch knallrot. Doch dann einigte man sich auf eine weniger aggressive Farbe, die nicht sofort am Himmel erkennbar ist.

3. Chemtrail-Leugner behaupten, Chemtrails seien in Wahrheit lediglich harmlose Kondensstreifen. Das ist jedoch unmöglich, weil Kondensmilch schwerer als Luft ist und sofort abregnen würde.

4. Wenn man dreimal hintereinander laut das Wort »Chemtrail« ruft, wird man in der Straßenbahn komisch angeschaut.

5. Chemtrails enthalten 3 % Aluminium, 7 % Quecksilber, 19 % Limburger Käse, 2 % Barium, 4 % Adrenochrom, 6 % Äthylendibromidmagnesiumdiphosphatidiotikum und 59 % Rauch.

6. Wegen der großen Beliebtheit bietet die Bundesregierung seit 2017 Chemtrails auch als Sirup zum Selbermischen an.

7. Seit es Chemtrails gibt, haben Männer nur noch zwei Hoden.

8. Flugzeuge fliegen nur deshalb nie rückwärts, weil sonst der Pilot seine eigenen Chemtrails einatmen müsste.

9. Die Bill & Melinda Gates Foundation investiert jährlich mehrere Milliarden Dollar in eine Impfung gegen Chemtrails.

10. Der libysche Diktator Muammar al-Gaddafi rauchte jeden Abend zwei Chemtrail-Zigarren.

11. Die Internationale Raumstation ISS hinterlässt keine Chemtrails, weil sie seit 1999 mit einem Abgasfilter ausgestattet ist.

12. In Nordkorea gibt es keine Chemtrails, weil sie dort als kapitalistisch und dekadent gelten.

13. 45 Prozent aller US-Amerikaner glauben laut einer CNN-Umfrage, dass es sich bei Chemtrails um die Fürze von Flugzeugen handelt.

14. Der Vorname Chemtrail wurde 2021 in Deutschland sechsmal vergeben, zweimal an Jungen und viermal an Mädchen.

15. Laut Forschern der Universität Kansas besteht eine hohe Wahrscheinlichkeit, dass es sich bei dem sogenannten Stern von Bethlehem, der den Weisen aus dem Morgenland den Weg zum neugeborenen Jesus wies, um einen Chemtrail handelte.

16. Am 13. April 1987 formten mehrere Tausend Chemtrails über Süddeutschland und Teilen Frankreichs zufällig das Bild eines wütenden Sumoringers.

17. Menschen, die an einem Tag mit besonders vielen Chemtrails geboren wurden, haben eine um 6 Prozent höhere Lebenserwartung.

18. Die Zahncremes »Aronal« und »Elmex« enthalten pro Tube 4 (Aronal) bzw. 3 (Elmex) Mikrogramm Chemtrails.

19. Laut kürzlich freigegebenen Akten experimentierte die CIA zwischen 1963 und 1965 in der Wüste von Nevada mit sogenannten Phystrails. Dabei werden schwere Gegenstände wie Kurzhanteln und Ambosse aus Flugzeugen geworfen.

20. In Ungarn ist es seit 2018 verboten, öffentlich Werbung für Chemtrails zu machen.

21. Die argentinische Künstlerin Gloria Agnes Aguirre verwendet für ihre Kunstwerke ausschließlich Chemtrails, Hühnerblut und getragene Ohrstöpsel. Ihre Installation »Can't remember / LAX :-P talk soon« erzielte 2020 bei Sotheby's einen Preis von 1,6 Millionen Britischen Pfund.

22. George W. Bush war vor seiner Wahl zum US-Präsidenten jahrelang von Chemtrails abhängig.

23. Am besten schützt man sich gegen die enveto-sucroplastische Wirkung von Chemtrails, indem man die Nasenlöcher mit Sekundenkleber versiegelt.

24. Rückwärts gesprochen ergibt das Wort »Chemtrails« den Satz: »Wir beobachtne eucH liebe grüße Euere Angela Mekrel!«

25. Eine bereits seit Jahren widerlegte Verschwörungstheorie besagt, Chemtrails gäbe es gar nicht. Stattdessen seien sie nur eine Erfindung der Orgonitpyramidenindustrie, um ihren nutzlosen Ramsch teuer an leichtgläubige Idioten zu verkaufen.

Konstant Teen: Wecker fühlt sich seit 60 Jahren wie ein Jugendlicher

Weil er Chefsalat aß: Angestellter fristlos entlassen

Stuttgart (dpo) – Weil er in der Kantine Chefsalat bestellt und gegessen hat, ist in dieser Woche einem Mitarbeiter eines schwäbischen Automobilkonzerns fristlos gekündigt worden. Zwar hat der Mann seinen Fehler inzwischen eingesehen und sich entschuldigt – für seinen Chef kam diese Reue jedoch zu spät.

Marius Lankeit ahnte nichts Böses, als ihn sein Chef am Dienstag in sein Büro bat. Doch statt eines gewöhnlichen Arbeitsgesprächs folgte die fristlose Kündigung für den 24-Jährigen. Der Grund: eine verhängnisvolle Bestellung in der betriebseigenen Kantine.

Auf Anfrage des Postillon erklärte der Vorgesetzte Hugo M.: »Unfassbar! Als ich an dem betreffenden Tag zu Mittag essen wollte, erklärte mir das Kantinenpersonal, dass der Chefsalat schon weg sei. Ich musste daher notgedrungen einen gewöhnlichen Angestelltensalat essen und meinen Arbeitstag völlig fehlvitaminisiert fortsetzen.«

Der inzwischen hinzugezogene Anwalt des gekündigten Marius Lankeit sieht seinen Mandanten jedoch nicht als Schuldigen: »Herr Lankeit musste nicht zwangsläufig davon ausgehen, dass der Chefsalat allein seinem Vorgesetzten vorbehalten ist.«

Demnach sei es aus Sicht eines durchschnittlichen Kantinenbesuchers auch denkbar, dass ein Chefsalat lediglich Teile von Chefs enthalte und ansonsten für jeden bestellbar sei – ähnlich etwa einem Rucolasalat. »Außerdem wurde ihm der Salat ja auch ohne Zögern ausgehändigt. Das Personal hätte meinem Mandanten den angeblich so exklusiven Salat ja auch verweigern können«, so der Jurist.

Ein Erfolg Lankeits vor dem Arbeitsgericht gilt allerdings als unwahrscheinlich, da es sich offenbar nicht um das erste derartige Vergehen des 24-Jährigen handelt: Auch seine Kollegen Johanna Waldorf (31) und Arnold Caesar (58) beklagten sich, er habe ihnen mehrfach den Salat weggegessen.

Trinkt Wein bei der Arbeit und glaubt an imaginäre Gestalten: Große Sorge um Papst Franziskus

Rom (dpo) – Wie schlimm steht es um Franziskus? Aus dem Vatikan dringen neue besorgniserregende Gerüchte über das katholische Kirchenoberhaupt. Demnach soll der 85-Jährige bei der Arbeit Wein konsumieren und an fiktive Wesen glauben, in deren Auftrag er angeblich handelt.

»Es sieht wirklich nicht gut aus«, äußerte sich ein anonymer Insider aus Kirchenkreisen im italienischen Nachrichtenmagazin *Oggi*. »Dass er zwischendurch mal Oblaten snackt, ist ja noch in Ordnung, aber in seinem Alter sollte man nun wirklich keine Weingläser mehr exen – erst recht nicht, wenn man gerade mitten im Dienst ist.«

Auch um die geistige Gesundheit des Papstes herrscht hinter den Mauern des Vatikans offenbar große Sorge. »Ein absolut verlässlicher Kollege hat berichtet, dass er einmal zufällig mitbekam, wie Franziskus in seiner Kammer laut Selbstgespräche führte und dabei auf dem Boden kniete«, so die Quelle. »Wie der Kollege später herausfand, glaubt Franziskus offenbar, er spreche mit einem Mann im Himmel, der geflügelte Fabelwesen um sich schart und auf mysteriöse Weise Wünsche erfüllt. Das ist schon beängstigend. Es würde mich nicht wundern, wenn er bald in den Ruhestand treten muss.«

Zwar galt Franziskus bereits vor seinem Amtsantritt als Exzentriker, doch sein derzeitiger Absturz überrascht selbst langjährige Weggefährten. Auf der anderen Seite ist es nichts Neues, dass Päpste mitunter kuriose Verhaltensweisen an den Tag legen. Franziskus' Vorgänger Benedikt XVI. etwa war dafür bekannt, ausschließlich rote Schuhe zu tragen und sich in einem großen Terrarium durch die Gegend fahren zu lassen.

Ohne 2G: Weihnachtsbaumverkäufer macht Impfgegnern reduziertes Angebot

Solarkatastrophe: 100 000 Liter Sonnenstrahlen aus undichter Photovoltaikanlage ausgelaufen

Moers (dpo) – Schwere Solarkatastrophe im nordrhein-westfälischen Moers: Durch ein Leck in einer Photovoltaikanlage sind dort am Montagmorgen bis zu 100 000 Liter Sonnenstrahlen ausgelaufen und im Erdboden versickert. Nach ersten Schätzungen handelt es sich um das bislang schwerste Solarunglück auf deutschem Boden.

»Leider wurde die undichte Stelle an der Anlage erst viel zu spät entdeckt«, erklärt ein Sprecher des Umweltbundesamtes. »Der Schaden ist daher immens. Wir befürchten, dass der Boden im Umkreis von einem Kilometer auf Jahre mit Sonnenstrahlen verseucht ist. Es ist damit zu rechnen, dass das ganze Gebiet nun permanent leuchten wird, auch nachts.«

Die Behörden raten Anwohnern, zum eigenen Schutz Sonnenbrillen zu tragen und sich mit Sonnenmilch einzucremen.

Laut ersten Schätzungen kann nicht ausgeschlossen werden, dass bei dem Unglück Licht ins Grundwasser gelangt ist. In solch einem Fall könnte das Trinkwasser der Region noch in 100 Jahren leuchten.

Immer wieder zeigen sich die sogenannten erneuerbaren Energien als anfällig. So kommt der für die deutschen Windräder nötige Wind oft aus Staaten, in denen die Menschenrechte wenig zählen, und muss in Zwangsarbeit in äußerst zugigen Windminen abgebaut werden.

In einem deutschen Wasserkraftwerk wiederum kam es jüngst zu einem Super-GAU, bei dem 14 Menschen nass wurden und anschließend eine Wasserwolke quer über Europa zog.

Experten raten Ländern wie Deutschland daher, künftig lieber auf sichere und unanfällige Energieträger wie Kohle, Gas, Öl oder Atomenergie zu setzen.

Putin schockiert, wie sehr das Amt Angela Merkel ausgezehrt hat

Moskau (dpo) – So hat er sich sein Treffen mit dem deutschen Regierungschef aber nicht vorgestellt. Russlands Präsident Wladimir Putin zeigte sich heute sichtlich schockiert darüber, wie sehr das Amt seine alte Bekannte Angela Merkel ausgezehrt hat.

»Hallo, Angela, gut siehst du aus«, begrüßt Putin sein Gegenüber, sobald er sich wieder einigermaßen im Griff hat. »Ich mag, was du mit deinem Haar … also, äh. Oje … Schön, dass du da bist jedenfalls!«

»Olaf! Olaf heiße ich«, antwortet Bundeskanzler Olaf Scholz. »Danke. Ich freue mich, hier zu sein.«

Der russische Präsident bietet Scholz einen Platz an: »Äh, ja, setz dich erst mal, äh … Angelaf.«

Der Bundeskanzler versucht es noch einmal. »Nee, ich bin nicht Merkel. Ich bin ihr Nachfolger. Sie ist nicht mehr angetreten.«

Putin bricht in schallendes Gelächter aus: »Ahahahahaha! Nicht mehr angetreten! Freiwillig? Köstlich! Du hattest schon immer einen tollen Humor, Angelaf.«

Nach diesem kurzen Wortwechsel bittet Putin Scholz an seinen langen Tisch, um über die Ukraine-Krise zu sprechen.

Vegan-Hersteller bringt Tofu mit Menschenfleisch-geschmack für Ex-Kannibalen auf den Markt

Bremen (dpo) – Der Verzehr von Menschenfleisch gilt heutzutage aus ethischer Sicht als verpönt. Kein Wunder also, dass immer mehr Kannibalen bewusst auf Menschenfleisch verzichten und beschließen, vegan zu leben. Ein neues Produkt aus dem Hause »Vegan-Life« dürfte die Umstellung noch einmal deutlich erleichtern: »Tofu mit Menschenfleischgeschmack« ist ab sofort im Handel erhältlich.

»Mmmmmmh! Schmeckt eigentlich genauso gut wie das Original«, schwärmt Ilona Hansen (27), nachdem sie ein fertig zubereitetes Hacksteak kostet. »Und da ist wirklich kein Mensch drin? Wie ist das möglich?«

Erklären kann das Dieter Dehme von Vegan-Life. »Das ist natürlich alles eine Frage der Würzung. Wir nehmen da Tofu und kombinieren ihn mit einer einzigartigen Würzmischung, die den typischen Menschengeschmack erzeugt. Beifuß und Kreuzkümmel spielen da eine wichtige Rolle, aber mehr möchte ich nicht verraten.«

Dazu kommt ein ausgeklügeltes Räucher- und Einlegeverfahren, das dem Fleischersatzprodukt die richtige Textur und Bissfestigkeit gibt.

Aus ethischer Sicht ist der Verzehr von Menschenfleischersatzprodukten selbstverständlich viel besser als der Verzehr richtigen Menschenfleischs. »Das Tolle ist eben, dass dafür kein Mensch sterben muss und man trotzdem kaum oder keine Abstriche beim Genuss machen muss«, so Dehme. »Von der viel besseren CO_2-Bilanz unseres Ersatzprodukts will ich gar nicht erst anfangen.«

Selbst noch praktizierende Kannibalen zeigen sich beeindruckt. Einer Marktforschungsumfrage zufolge können sich über 78 Prozent von ihnen vorstellen, gelegentlich Tofu mit Menschenfleischgeschmack zu essen und nur noch zu besonderen Anlässen auf echtes Menschenfleisch zurückzugreifen.

Fand er fad: Ex von Sylvie Meis schmeckte ungewürzte Suppe nicht

Klimaforscher sicher, dass er der Typ aus »The Sixth Sense« ist, weil ihn offenbar niemand sehen und hören kann

Bonn (dpo) – An den Tag, an dem er merkte, dass er tot ist, erinnert sich Leon Hilgemann noch genau. »Es war wie ein Schock«, so der 60-jährige Klimaforscher. »Aber plötzlich ergab alles, was ich in den Monaten und Jahren davor erlebt hatte, Sinn.« Denn endlich hat Hilgemann eine Erklärung dafür, warum ihn schon seit geraumer Zeit offenbar niemand wirklich sehen oder hören kann.

»Das ist echt wie bei dem Typen in ›The Sixth Sense‹«, murmelt der Wissenschaftler. »Egal, wie sehr ich mich ins Zeug lege mit meinen Warnungen vor dem menschengemachten Klimawandel – die Leute behandeln mich, als wäre ich Luft.«

Und tatsächlich, als Hilgemann auf einen Passanten zugeht und ihn anspricht, blickt dieser einfach nur direkt durch ihn hindurch. »Hallo? Können Sie mich sehen oder hören? Wir steuern direkt auf eine Klimakatastrophe z– Jetzt ist er einfach weitergegangen … Noch schlimmer ist es nur, wenn ich versuche, mit Politikern zu reden.«

Hilgemann scheint nicht der einzige Klimaforscher zu sein, der dasselbe erlebt wie Bruce Willis in »The Sixth Sense«. Auch seinen vielen Kollegen weltweit ergeht es ähnlich. »Sind wir Klimaforscher vielleicht alle einfach nur Geister, die verzweifelt versuchen, die Lebenden zu warnen?«

Selbst wenn Hilgemann besonders eindrücklich auf die Folgen des Klimawandels und die Notwendigkeit, unser Verhalten zu ändern, verweist, scheint er zu anderen kaum durchzudringen: »Wenn ich all meine Energie zusammennehme, schaffe ich es maximal, dass die Menschen ganz kurz erschauern und sich irritiert umblicken, bevor sie ihren Alltag wieder ganz normal weiterverfolgen. Ich meine, es geht um das Überleben der Menschheit. Das kann man doch nicht ignorieren!«

Und die Parallelen zu »The Sixth Sense« gehen noch weiter: »Die einzige Person, die uns Klimaforscher wirklich wahrzunehmen scheint, ist dieses eine unheimliche Kind. Genau wie im Film!« Er seufzt resigniert: »Aber auch auf Greta will ja niemand hören.«

Vorschlag Hammer: Maurer-Azubis diskutieren über bestes Werkzeug für Wanddurchbruch

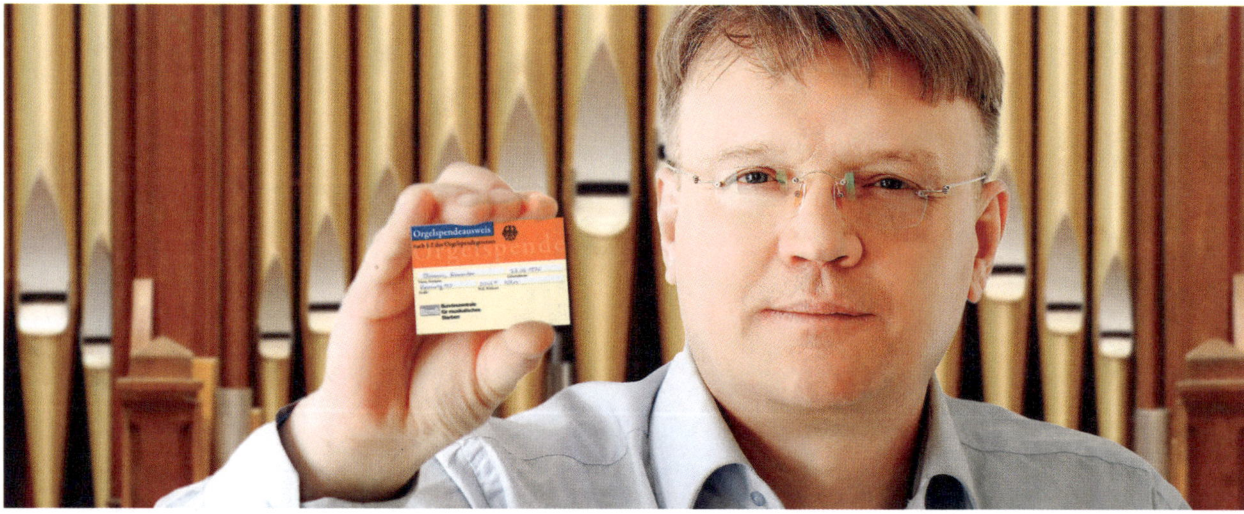

Vorbildlich: Kirchenmusiker trägt immer seinen Orgelspendeausweis bei sich

Köln (dpo) – Er geht mit gutem Beispiel voran: Schon seit Jahren trägt Kirchenmusiker Alexander Olmanns (49) stets einen Orgelspendeausweis bei sich. So ist sichergestellt, dass seine Orgel im Falle seines Todes an Menschen weitergegeben werden kann, die sie dringend benötigen.

»Klar, man geht natürlich immer davon aus, dass einem nichts passiert, aber man muss eben auch für den Fall der Fälle vordenken«, erklärt Olmanns. »Es wäre egoistisch, wenn ich meine Orgel mit ins Grab nehmen würde, während andere Menschen händeringend auf eine Spenderorgel warten.«

Der Orgelspendeausweis erlaubt seinem Träger auch genauere Differenzierungen, was im Falle seines Ablebens geschehen soll. So kann angegeben werden, dass nicht direkt die ganze Orgel gespendet wird, sondern nur bestimmte Manuale, Pfeifen oder Register. Auch kann man eine dritte Person eintragen, die im Notfall entscheiden darf.

Dennoch kommt es in Deutschland derzeit nur selten zu Orgelentnahmen nach dem Tod – zu wenige Menschen sind freiwillig als Orgelspender eingetragen. »Der Wunsch, nach dem Ableben mit intakter Orgel begraben zu werden, ist immer noch weit verbreitet«, erklärt Lorenz Kranach von der Initiative Orgelspende. »Auch haben manche Organisten Angst davor, dass ihnen die Orgel bereits weggenommen wird, obwohl sie noch gar nicht verstorben sind.«

Angesichts solcher Widerstände ist es kein Wunder, dass die Wartelisten lang sind: Derzeit warten in Deutschland rund 13 000 Kirchen- und Freizeitmusiker auf eine Spenderorgel. Alexander Olmanns trägt seinen Teil dazu bei, dass sich die Situation hoffentlich bald bessert.

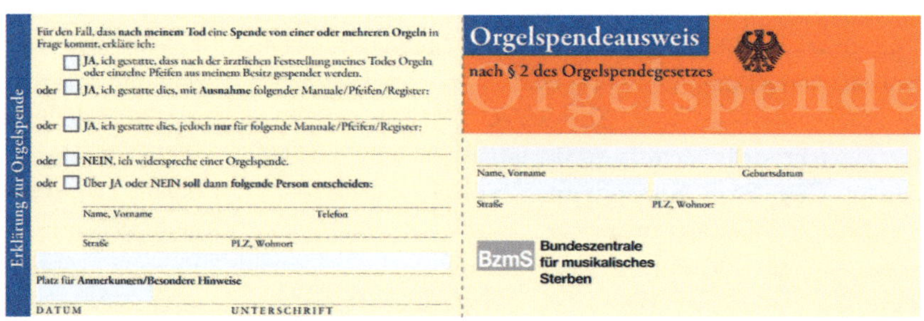

Erklärung zur Orgelspende

Für den Fall, dass **nach meinem Tod** eine **Spende von einer oder mehreren Orgeln** in Frage kommt, erkläre ich:

☐ **JA**, ich gestatte, dass nach der ärztlichen Feststellung meines Todes Orgeln oder einzelne Pfeifen aus meinem Besitz gespendet werden.

oder ☐ **JA**, ich gestatte dies, mit **Ausnahme** folgender Manuale/Pfeifen/Register:

oder ☐ **JA**, ich gestatte dies, jedoch **nur** für folgende Manuale/Pfeifen/Register:

oder ☐ **NEIN**, ich widerspreche einer Orgelspende.

oder ☐ Über **JA** oder **NEIN soll** dann **folgende Person entscheiden:**

Name, Vorname — Telefon

Straße — PLZ, Wohnort

Platz für **Anmerkungen/Besondere Hinweise**

DATUM — UNTERSCHRIFT

Orgelspendeausweis

nach § 2 des Orgelspendegesetzes

Orgelspende

Name, Vorname — Geburtsdatum

Straße — PLZ, Wohnort

BzmS Bundeszentrale für musikalisches Sterben

Freiherr raus: Prostituierte setzt ohne Umschweife Adligen vor die Tür

Weil nie fremde Haare an seiner Kleidung hängen: Frau verdächtigt Ehemann, sie mit einer Glatzköpfigen zu betrügen

Ratingen (dpo) – Wie kann er nur? Weil an seiner Arbeitskleidung nie fremde Haare hängen, verdächtigt Sandra Bechtels aus Ratingen ihren Ehemann Thilo, mit einer Glatzköpfigen fremdzugehen.

»Oh, dieser Schuft«, schimpft sie und hält demonstrativ kein Haar hoch. »Und dann auch noch ausgerechnet mit einer Glatzköpfigen! Und mir sagt er immer, dass ihm meine langen Haare so gefallen!«

Sie begutachtet seinen Hemdkragen, an dem keinerlei Lippenstift zu sehen ist. »Ach! Und auch noch so eine natürliche Schlampe ist das, die kein Make-up braucht, was? Wie kann er nur?!«

Nachdem sie sich wieder einigermaßen beruhigt hat, wirft sie nochmals einen kritischen Blick auf das Hemd. Sie riecht unter dem Ärmel und erblasst. »Männerdeo! O mein Gott! O nein, das kann nicht wahr sein! Wahrscheinlich hat er direkt einen Dreier gehabt, das perverse Schwein!«

Sandra Bechtels wirft das Hemd wütend in die Ecke und zertrümmert das Hochzeitsbild auf dem Klavier im Wohnzimmer. »Wenn der nachher nach Hause kommt, kann er sich was anhören! Und wehe, er behauptet wieder, ich sei krankhaft eifersüchtig. Diesmal hab ich Beweise!«

Doch Nebenwirkungen? Prominenter Politiker kann nach Impfung nicht mehr richtig Deutsch sprechen

München (dpo) – Nach monatelangem Zögern hat sich Bayerns Vizeministerpräsident Hubert Aiwanger doch noch gegen Corona impfen lassen. Seine Parteifreunde und auch CSU-Chef Söder reagieren erleichtert. Doch jetzt zeigen sich offenbar schon erhebliche Nebenwirkungen: Der Freie-Wähler-Chef aus Niederbayern kann offenbar nicht mehr richtig Deutsch sprechen.

»Iich findee jo oigentliich, doss oinee Impfung die gonz privotee Sochee einees jedeen Oinzelneen soin solltee«, erklärte Aiwanger heute bei einer Pressekonferenz. »Obeer in dieseem Foll wolltee iich bewuusst an die Öffentliichkoit, uum zuu zoigeen, doss iich in deer aktuelleen Logee mit guteem Beispiel vorongeehn konn. Oußerdeem wolltee iich ouch woiterhin moineen Schwoinebroteen esseen könneen, folls Zwoi-Gee kimmt.«

Impfgegner sehen den Zustand Aiwangers als Beleg für die Gefährlichkeit der Corona-Schutzimpfung an. »Schlimm! Wie der die Wörter so komisch verschleppt und die Betonung … man versteht ja kein Wort«, meint etwa Katja Melcher aus Karlsruhe. »Mir tut der Herr Aiwanger schon leid. Aber das hat er jetzt davon, dem Mainstream hinterherzulaufen.«

Aiwanger selbst postete inzwischen ein Videostatement als Reaktion auf die vielen besorgten Stimmen in den sozialen Medien: »Iich hob doch scho immeer so geredeet. Nu hobt's oich doch neet so!« Da den Inhalt des Statements offenbar jedoch erneut niemand verstand, vergrößerte es die Panik noch zusätzlich.

BMW-Fahrer wirft Stufe eins ab, um noch schneller zu sein

Augsburg (dpo) – Weg mit dem unnützen Ballast! Um noch schneller zu sein, hat BMW-Fahrer Hartmut Woelcke auf der A8 soeben bei Tempo 290 Stufe eins abgeworfen. Benötigt hatte er sie ohnehin nicht mehr, nachdem aller darin befindliche Treibstoff aufgebraucht war.

»Jawoll, Stufe eins ist erfolgreich abgeworfen«, murmelt Woelcke zufrieden, während er die Triebwerke der zweiten Stufe zündet und in seinen Sitz gedrückt wird. Er blickt kurz auf sein durch die Beschleunigung verformtes Gesicht im Rückspiegel: »Wow, aber na ja, kein Wunder, das sind gerade bis zu 4g, die da auf mich einwirken.«

Er wirft einen kurzen Blick auf das Armaturenbrett: »Alle Systeme normal. Hitzeschild stabil, Druck: 3,7 Atmosphären ... Huch, ja spinnt denn der da vorne mit seinem Polo? Glaubt der ernsthaft, er könnte ausgerechnet jetzt auf die linke Spur. Weg da!«

Woelcke hasst es, näher als sieben Zentimeter an den Vorausfahrenden aufzufahren, aber in diesem Fall wird es wohl notwendig sein. Wie soll man es anderen auch sonst begreiflich machen, dass man bereits Stufe zwei gezündet hat?

Der Polo-Fahrer hat offenbar begriffen, denn er verlässt hastig und mit einer 180-Grad-Drehung die linke Spur. »Brav so«, denkt der 48-Jährige, »war gerade noch rechtzeitig.« Die Explosion, die er hinter sich hört, dürfte lediglich ein Überschallknall gewesen sein.

Kurz bevor Woelcke die nächste Stufe abwerfen kann, muss er schließlich doch stark bremsen: »Och nööö ... Baustelle schon wieder!«

RATGEBER

8 praktische Tipps, mit denen Sie Ihre Heizkosten senken können

Deutschland droht der teuerste Winter seit Langem – die Energiekosten für Verbraucher steigen immer weiter. Viele Menschen suchen nun fieberhaft nach Methoden, um ihre Heizkosten zu senken. Der Postillon hat mehrere Experten befragt und präsentiert Ihnen hier die wirkungsvollsten Taktiken:

1. *Verbrennen Sie Ihre Möbel*

Was viele nicht wissen: Feuer erzeugt Wärme. Zünden Sie einfach Möbel (am besten aus Holz) wie Stühle, Tische oder Sessel an und lassen Sie die teure Heizung derweil auf * stehen. Achtung: Um mit dieser Taktik komplett über den Winter zu kommen, brauchen Sie sehr viel Mobiliar.

2. *Essen Sie nur Chilischoten, gemahlenen Pfeffer und Wasabipaste*

Zugegeben: Diese Spezialdiät klingt gewöhnungsbedürftig, doch Frieren gehört damit garantiert der Vergangenheit an. Selbst auf der unbeheizten Toilette spüren Sie stets eine feurige Wärme. Wer darüber hinaus auch die Luft aufheizen will, sollte zusätzlich Bohnen, Kichererbsen oder Kohl essen.

3. *Legen Sie sich einen Tiger zu*

Tiger sind sehr warm und kuschelig. Wer einen Tiger hat, kann die Heizung locker eine Stufe runterdrehen.

4. *Lesen Sie Wahlversprechen und Politikerreden laut vor*

Das produziert jede Menge heiße Luft.

5. *Halten Sie Winterschlaf*

Millionen Siebenschläfer können nicht irren: Wer im Winter für mehrere Monate schläft, verbraucht nicht nur weniger Energie, sondern bekommt auch von der eisigen Kälte in der Wohnung wenig mit.

6. *Sorgen Sie dafür, dass sich in jedem Raum mindestens 30 Personen aufhalten*

Gute alte Körperwärme – auf die ist immer Verlass. Laden Sie Freunde, Familie und Nachbarn ein, sorgen Sie dafür, dass bei Ihnen rund um die Uhr immer schwer was los ist. Die Heizung können Sie währenddessen getrost auslassen.

7. *Gehen Sie gegen hohe Heizkosten auf die Straße*

Und dann wieder schnell ins Haus. Selbst die schlecht beheizte Wohnung kommt einem dann wärmer vor, wenn man von draußen aus der Kälte kommt. Das spart bares Geld.

8. *Fliegen Sie in den Süden und verbringen Sie den Winter auf Ihrer Jacht*

Wer gar nicht erst zu Hause ist, muss auch nicht heizen. Also: Ab ins Flugzeug und nach Monaco, wo Sie einfach auf Ihrer Luxusjacht bleiben, bis der Winter vorbei ist. Herrlich!

In letzter Sekunde: Held rettet Fisch vor dem Ertrinken

Augsburg (dpo) – Das ist gerade noch gut gegangen! In letzter Sekunde hat ein heldenhafter Mann in der Nähe von Augsburg einen Fisch vor dem Ertrinken gerettet. Der 32-Jährige entdeckte den Fisch bei einem Spaziergang am Lech und zögerte keine Sekunde.

»Ich bin mir sicher, jeder in meiner Situation hätte genauso gehandelt«, erklärt Manuel Kadletz, während er stolz ein Handyfoto zeigt, das seine Freundin von der Aktion gemacht hatte. »Der arme Kerl war schon ganz von Wasser bedeckt, als wir vorbeikamen. Er konnte auch nicht mal schreien oder so, weil sein Kopf schon unter Wasser war.«

Kadletz weiß sofort, was zu tun ist: »Ich bin hin und habe ihn mit bloßen Händen rausgeholt«, berichtet er. »Erst dachte ich, ich muss Mund-zu-Mund-Beatmung machen, weil er unter Wasser schon so still war, aber sobald ich ihn rausgeholt hatte, kam er sofort wieder zu sich und zappelte wie wild vor Freude. Total rührend.«

Der Augsburger vermutet, dass der Fisch beim Grasen am steilen Ufer des Lechs ausgerutscht war und deshalb in den Fluss fiel. »Er kann jedenfalls froh sein, dass wir zufällig vorbeikamen.«

Manuel Kadletz und seine Freundin ließen den Fisch, den sie spontan Fridolin tauften, schließlich in einem nahe gelegenen Wald frei. »Wahrscheinlich hüpft er jetzt schon wieder mit seiner Familie von Ast zu Ast und freut sich seines Lebens«, seufzt er mit feuchten Augen. »So soll es sein.«

Summ-Ohr-Ringer: Japaner hat Tinnitus

Nachbarland angreifender Putin kann gar nicht verstehen, warum so viele Nachbarländer Russlands in die NATO wollen

Moskau (dpo) – Was haben die alle nur? Während er die Invasion der Ukraine beaufsichtigt, zeigt sich Russlands Präsident Wladimir Putin immer noch völlig verständnislos, warum so viele Länder in der Nähe Russlands so versessen darauf sind, der NATO beizutreten.

»Wieso glauben die alle, sie hätten ein Militärbündnis nötig, das sie vor Invasionen schützt?«, wundert sich Putin, während er gerade über einen Monitor die Invasion der Ukraine durch russische Truppen verfolgt. »Als ob von Russland je eine Gefahr ausgehen würde!«

Tatsächlich blicken viele Länder Osteuropas schon seit Jahren mit Misstrauen nach Moskau – für Putin eine klare Folge westlicher Anti-Russland-Propaganda. »Klar, die NATO versucht immer, uns irgendwelche imperialistischen Tendenzen zu unterstellen«, ärgert sich Putin, während seine Armee Kiew, Charkiw, Ivano-Frankovsk und andere Städte bombardiert. »Aber dass halb Osteuropa darauf reinfällt, ist doch wirklich ärgerlich. Wissen die denn nicht, dass wir nur friedliche Absichten haben?«

Eines der vier Telefone auf seinem Schreibtisch klingelt. Putin nimmt den Hörer ab. »Wie geht es voran? Und die Luftangriffe auf Kiew? Wunderbar! Bodentruppen und Panzer rücken vor? Gut! Dieser Krieg- äh… diese Friedensmission läuft ja wie am Schnürchen! Die Ukrainer werden schon bald gelernt haben, dass ihre Angst vor uns völlig unbegründet war.«

1 + 1 = 3: Lehrer stellt sich gegen den Mainstream – und wird mit Berufsverbot bedroht

Aachen (dpo) – Er wollte sich nicht dem Mainstream beugen – und soll nun mundtot gemacht werden: Der Grundschullehrer Daniel Müller aus Aachen ist einer der wenigen, die sich trauen, das staatlich verordnete Dogma »1 + 1 = 2« zu hinterfragen. Nun droht ihm ein Berufsverbot.

»Ich unterrichte seit mehr als 25 Jahren mit großer Leidenschaft«, erklärt Müller mit einem Leuchten in den Augen. »Alles, was ich damals an der Uni gelernt hatte, gab ich an meine Schüler weiter.« Doch irgendwann wurde der Mathematiklehrer misstrauisch.

»Ich bemerkte, dass sich alle Lehrbücher verdächtig einig waren, was die Summe von 1 + 1 angeht«, berichtet er. »Gegenstimmen kamen gar nicht vor oder wurden direkt als falsch diffamiert. Das lief meinem Verständnis als selbstständig denkender Mensch zuwider. Da wusste ich: Du bist da etwas Großem auf der Spur.«

Mit einem neuartigen Verfahren, das Müller »Queraddieren« nennt, kam er auf das wahre Ergebnis der Rechnung. »Eins plus eins ist meiner Meinung nach nämlich drei. Sehen Sie. Ich rechne es Ihnen vor: Eins!« Er hebt einen Finger hoch. »Plus!« Er hebt einen zweiten Finger hoch. »Eins!« Er hebt einen dritten Finger hoch. »Wie viele Finger sehen Sie? Drei! Eben!«

Er selbst sei ganz aus dem Häuschen gewesen, als er es herausfand. »Wir wurden jahrelang belogen! Natürlich musste ich auch meine Schüler darüber informieren.«

Doch Daniel Müller hatte seine Rechnung ohne die Macht der Eliten gemacht: Er unterrichtete die verbesserte Addition noch keine Woche, als er zu seinem Schulleiter zitiert wurde. »Der hat mir glasklar und eindeutig zu verstehen gegeben, dass ich entweder weiter die Mainstream-Mathematik unterrichten oder mit dienstrechtlichen Konsequenzen rechnen müsse«, so Müller. »Die Sache ist ganz klar: Man droht mir mit Berufsverbot! Die wollen mich zum Schweigen bringen.«

Auch im Netz wird der 52-Jährige angefeindet, seit er seinen Fall an die Öffentlichkeit gebracht hat.

Müller klickt sich durch Twitter und schüttelt traurig den Kopf: »Wie da einige Leute – besonders aus der links-grünen Ecke, aber auch viele Mathematiker – richtig wütend werden, nur weil man mal was infrage stellt. Diese Aggressivität zeigt doch schon, dass ich recht haben muss. Da scheine ich ja echt einen Nerv getroffen zu haben.«

Gefallen lassen will Müller sich das nicht. In den kommenden Wochen wird er in zahlreichen Talkshows zum Thema »Cancel Culture in der Mathematik« und »Wissenschaftsgläubigkeit – wo führt sie uns hin?« zu sehen sein.

Außerdem hat er eine Demonstration vor der Staatskanzlei in Düsseldorf angekündigt. Dort will er am Samstag gegen staatlich-mathematische Willkür und für Meinungsfreiheit protestieren. »Wenn nur jeder meiner 1000 Twitter-Follower noch eine Person mitbringt, sind wir schon 3000!«, so Müller.

Weil der Knoten vielen zu kompliziert ist: Erste Bäckerei bietet Brezeln mit Klettverschluss an

München (dpo) – Gute Nachrichten für Freunde von Laugengebäck! Die Münchner Großbäckerei Meyer Backwaren bietet ab sofort neben klassischen Brezeln mit Knoten auch erstmals Brezeln mit Klettverschluss an. Dies soll den Verzehr der Backwaren deutlich vereinfachen.

»Wir haben immer wieder Feedback von Kunden bekommen, denen der Brezenknoten große Schwierigkeiten bereitet«, so Walter Meyer jr., der Geschäftsführer von Meyer Backwaren. »Viele waren überfordert damit, ihn zu lösen, sodass sie ihre Brezen nicht ordentlich genießen konnten oder gar die Hälfte wegwerfen mussten.«

Die Brezel mit eingebackenem Klettverschluss schaffe hier unkompliziert Abhilfe. »Klettverschlüsse sind nicht so komplex und können mit einer einfachen Handbewegung geöffnet und geschlossen werden. Damit sollte jeder klarkommen«, so Meyer jr.

Preislich liegen Brezeln mit Klettverschluss dabei keinen Cent über solchen mit herkömmlicher Knotung. Das liegt daran, dass für Klettbrezeln zwar höhere Materialkosten anfallen, dafür aber die kostspielige Arbeitszeit eines professionellen Brezelverknoters eingespart wird.

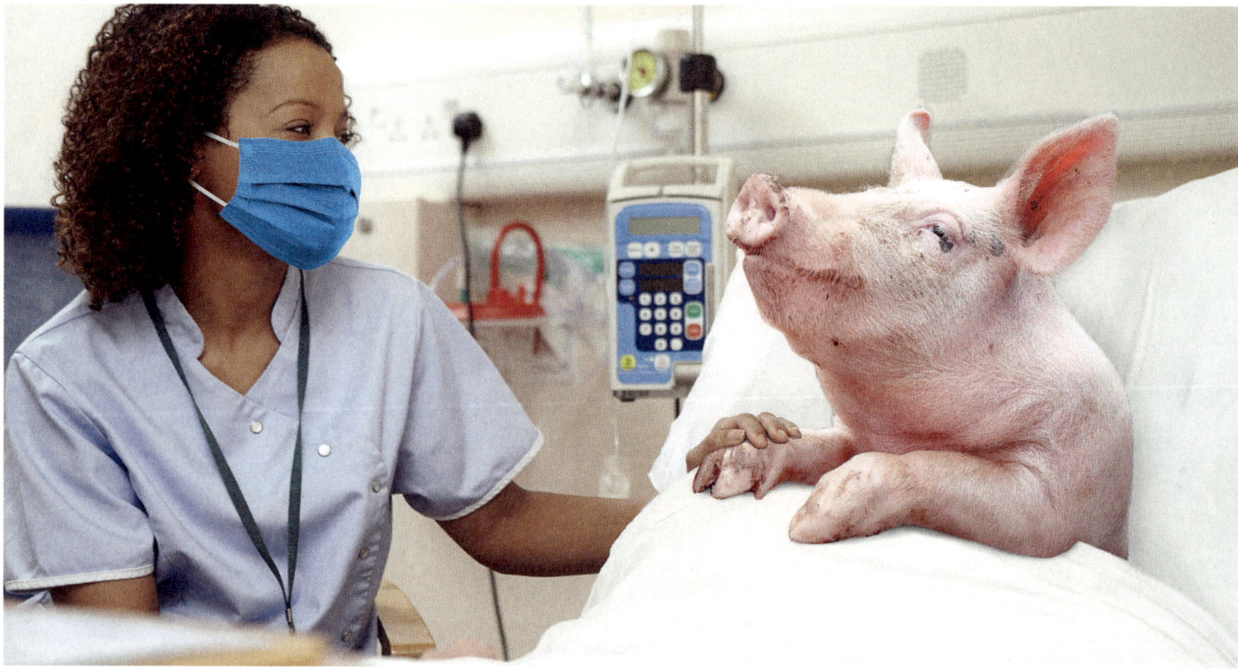

Baltimore (dpo) – Auf diesen medizinischen Durchbruch hat die Welt seit Jahren gewartet: Einem Ärzteteam in Baltimore ist es erstmals gelungen, einem Schwein ein Menschenherz einzupflanzen. Im Brustkorb des sechs Monate alten Ebers Oliver schlägt nun das Herz des 56-jährigen IT-Entwicklers Liam Hutcherson, der zuvor bei einem Autounfall gestorben war.

Mediziner verpflanzen erstmals erfolgreich Menschenherz in Schwein

Inzwischen geht es Oliver, der an einem angeborenen Herzfehler litt, schon wieder deutlich besser. »Er hat die Transplantation sehr gut überstanden und kann bereits wieder grunzen«, erklärt Chefärztin Charlotte Raab. »Wenn man bedenkt, dass er eigentlich nur noch drei Wochen zu leben hatte, ist das fast schon ein Wunder.«

Abgesehen von der regelmäßigen Einnahme von Medikamenten, die nötig sind, damit sein Körper das fremde Gewebe nicht abstößt, wird Oliver laut den Ärzten ein weitgehend normales Leben führen können.

Lediglich auf das Verhalten des Tiers scheint sich der Besitz eines Menschenherzens auszuwirken. »Wir beobachten, dass Oliver seit der Transplantation damit begonnen hat, die Umwelt zu verschmutzen, Leute auf Twitter zu beschimpfen und eine Vorliebe für Schweinebraten zu entwickeln«, so Raab. »Aber das gibt sich bestimmt, wenn wir seine Medikamentierung richtig eingestellt haben.«

Sobald sich Oliver von der Operation komplett erholt hat, darf er wieder zurück in seine Großmastanlage, wo er in etwa drei Wochen geschlachtet werden soll.

Sicherheitsupdate bei Mercedes:

Airbag fragt vor Öffnung erst »Sind Sie sicher?«

Stuttgart (dpo) – Immer wieder sorgen grundlos auslösende Airbags in Fahrzeugen für Ärger. Als erster Automobilhersteller hat Mercedes-Benz nun ein neues Sicherheitsfeature eingeführt, bei dem eine Warnmeldung im Bordcomputer darauf hinweist, dass das Sicherheitssystem des Autos die Öffnung des Airbags beabsichtigt. Erst durch das Klicken auf »Ja« wird der Airbag dann tatsächlich geöffnet.

»In der Vergangenheit kam es zwar selten, aber leider doch immer wieder vor, dass Airbags fälschlicherweise oder zu früh ausgelöst haben«, so ein Konzernsprecher. Die Folgen: Prellungen, schlimme Unfälle, verlorene Kontaktlinsen. »Dem soll unser Sicherheitsupdate vorbeugen.«

Technisch funktioniert das folgendermaßen: Im Falle einer mutmaßlichen Gefahrensituation stellt der Bordcomputer, anstatt den Airbag gleich auszulösen, künftig folgende Frage: »Airbag öffnet. Sind Sie sich sicher?«

Falls keine wirkliche Gefahrensituation vorliegen sollte, kann der Fahrer durch die Wahl der Antwort »Nein« das Auslösen des Airbags verhindern. Handelt es sich tatsächlich etwa um einen gefährlichen Unfall, wird der Airbag sofort nach Betätigung des »Ja«-Feldes ausgelöst.

Erste Fernauswertungen des neuen Systems zeigen, dass Airbags offenbar sogar noch öfter als erwartet fälschlich ausgelöst wurden: »Bislang haben zwar schon einige Fahrer auf ›Nein‹ getippt. Aber nicht ein einziger hat ›Ja‹ als Option gewählt«, so der Sprecher.

Aufhebungsvertrag: Müllsammler beendet einvernehmlich seine Arbeit

Vitali Klitschko bietet Putin an, die Sache in einem fairen Boxkampf zu regeln

Kiew, Moskau (dpo) – Ist der Konflikt um die Ukraine womöglich schon in wenigen Tagen Geschichte? Vitali Klitschko hat heute Wladimir Putin angeboten, die Sache in einem fairen Boxkampf zu entscheiden. Nun wartet die Welt gespannt, ob der russische Präsident das Angebot des Bürgermeisters von Kiew annehmen wird.

»Herr Putin, lassen Sie uns die ganze Angelegenheit ein für alle Mal im Ring entscheiden«, so Klitschko, der nach eigenen Angaben gelegentlich gerne boxt. »Wer verliert, muss sich aus der Ukraine zurückziehen. Deal?«

Der Kampf soll laut Klitschko auf neutralem Boden stattfinden und von RTL ausgestrahlt werden. »Fußtritte, Judo oder solche Sachen sind natürlich nicht erlaubt«, so der Ukrainer weiter. »Ganz einfache Boxregeln, mehr nicht. Das schaffen Sie doch locker, Herr Putin, oder?

Für den Fall, dass sich der russische Präsident nicht auf einen Kampf einlassen will, hat Klitschko zudem ein Alternativangebot: »Ersatzweise kann jeder ein Familienmitglied seiner Wahl in den Ring schicken«, erklärt er. »Melden Sie sich! Ich warte.«

»Wade mal bitte!«: Ungestümer Sportler soll sich bei Masseur einreihen

Bundesverband der Einbrecher rät:

So viel Bargeld sollten Sie immer zu Hause haben

Bochum (dpo) – In Zeiten von Krieg, Inflation und allgemeiner Unsicherheit fragen sich viele Menschen, wie viel Bargeld sie für den Notfall zu Hause lagern sollen. Nach dem Bundesamt für Bevölkerungsschutz und Katastrophenhilfe (BBK) hat nun auch der Bundesverband der Einbrecher (BdE) eine offizielle Empfehlung abgegeben: Ein mindestens vierstelliger Betrag sollte stets gut zugänglich in jeder Wohnung aufbewahrt werden.

»Auch in vermeintlich sicheren Zeiten kann es immer zu unvorhergesehenen Stromausfällen, Störungen der Kartenzahlung oder ähnlichen Pannen kommen«, so BdE-Chef Bruno »Brecheisen« Griebel. »Deshalb ist es gut, wenn man mindestens 3000 Euro, gerne aber auch 10 000 Euro oder mehr offen einsehbar in unmittelbarer Haustürnähe aufbewahrt, wo man im Notfall direkt darauf zugreifen kann.«

Von Tresoren oder ausgefeilten Verstecken rät der Experte dagegen ab. »Tresorschlüssel und Zahlenkombinationen vergisst oder verlegt man gerne mal. Und auch Verstecke findet man oft nicht mehr, wenn man sie lange nicht nutzt. Am besten liegt Ihr Geldvorrat daher direkt im Eingangsbereich – idealerweise zur bequemeren Verwendung in kleine Scheine aufgeteilt.«

Grundsätzlich gebe es dabei nach oben kein Limit, so Griebel. »Wer sich wirklich umfassend vor einem Ausfall des Bankensystems schützen will, bewahrt sein gesamtes Erspartes mit dieser Methode zu Hause auf«, erklärt er. »In diesem Fall sollte das Geld direkt in eine stabile Tragetasche gepackt werden, damit es im Notfall gut aus der Wohnung transportiert werden kann. Echte Profis lassen sogar die Haustüre dauerhaft unverschlossen, um schnell mit dem Geld aus der Wohnung zu sein, wenn es ernst wird.«

Für alle Interessierten, die weitere Fragen zum Thema haben, bietet der BdE auch einen mobilen Beraterservice an, der sich direkt vor Ort um die richtige Lagerung kümmert und mit weiteren Tipps zum Thema Sicherheit zur Seite steht.

Isse voll Chlore: Italiener zeigt Volkstanz im Nichtschwimmerbecken

Panne bei erstem Einsatz: Polizei-Roboterhund jagt Katze auf Baum

Essen (dpo) – In Essen wurde nach einem Großbrand erstmals ein Polizei-Roboterhund zur Inspektion der Schäden eingesetzt. Dabei kam es allerdings zu einem Zwischenfall, der Zweifel an der neuen Technologie schürt. Mitten im Einsatz rannte der Laufroboter plötzlich weg und jagte wild bellend eine Katze auf einen Baum.

»Eigentlich sollte unser brandneuer Roboter ›Herbie‹ die Ruinen des Wohnblocks näher untersuchen«, erklärte ein Sprecher der Polizei. »Aber auf einmal schien er irgendwas zu wittern und rannte direkt davon. Wir haben alle noch seinen Namen gerufen, aber er wollte einfach nicht hören.« Das 60 000 Euro teure Gerät verfolgte eine herumstreunende Katze über mehrere Hundert Meter, bis diese sich schließlich auf einen Baum flüchten konnte.

Nur mit Mühe gelang es den Beamten, den Roboterhund wieder vom Baum wegzuholen. »Wir mussten ihn sogar anleinen, weil er immer wieder zurückrannte«, so ein am Einsatz beteiligter Polizist. »Der war fuchsteufelswild.«

Für Biologin Natascha Berz ist das kein Wunder: »Klar, das ist eigentlich ein Roboter, bei dem man meinen sollte, dass er vollkommen emotionslos ist, aber Urinstinkte wie etwa den Jagdtrieb kriegt man aus einem Hund nie wirklich raus.«

Für die Zukunft sind die Beamten nun allerdings gewappnet: »Wir haben jetzt einfach immer ein paar Roboterwürstchen dabei, mit denen wir ihn notfalls wieder zum Einsatzort zurücklocken können«, so ein Polizeisprecher.

Machte den Abflug: Dame am Check-in-Schalter hat gekündigt

Olympische Winterspiele: China holt Gold im Uiguren-Unterdrücken

Peking (dpo) – Das schafft kein anderes Land: Ohne nennenswerte Konkurrenz hat sich China bei den Olympischen Winterspielen Gold im Uiguren-Unterdrücken gesichert. Die Vorreiterrolle der Volksrepublik in diesem Bereich geht angesichts des Spektakels um Sportarten wie Skisprung, Eiskunstlauf oder Biathlon leicht unter, hat aber durchaus internationale Beachtung verdient.

Bis zu eine Million Uiguren hat die chinesische Regierung Schätzungen zufolge während der Winterspiele in eigens dafür eingerichteten Lagern interniert. Das dürfte absoluter Weltrekord sein. Die internationale Konkurrenz bleibt deklassiert zurück.

»China hat die Disziplin des Uiguren-Unterdrückens quasi fast schon selbst begründet«, erklärt Unterjochungsexperte George Westinghoff. »Zwangsarbeit, Zwangssterilisationen, gewaltsame Umerziehung seit mindestens 2014: Da reicht aktuell kein Land der Welt ran.«

Entsprechend wurde China schon vor den Olympischen Spielen als absoluter Favorit im Unterdrücken der in der Provinz Xinhuan ansässigen Volksgruppe gehandelt.

Tatsächlich ist die Dominanz Chinas im Uiguren-Unterdrücken bei diesen Spielen so groß, dass nicht nur die Goldmedaille, sondern auch die Silber- und die Bronzemedaille in dieser Disziplin an den Gastgeber gehen.

Die Medaillen im Uiguren-Unterdrücken, das durch die Vergabe der Spiele an China überhaupt erst olympisch wurde, sollen heute vom IOC-Präsidenten Thomas Bach feierlich an einen Repräsentanten Chinas vergeben werden.

Für echte Kerle: Bikerausstatter bringt fingerfreie Ofenhandschuhe auf den Markt

Bochum (dpo) – So backen echte Kerle: Die bei Motorradfreunden beliebte Bekleidungsfirma »Route 66« hat in dieser Woche erstmals Ofenhandschuhe in ihr Sortiment aufgenommen. Die fingerfreien Modelle sollen vor allem Männer aus dem Bikermilieu ansprechen.

»Bei herkömmlichen Handschuhen sind fingerfreie Modelle ja längst gang und gäbe«, erklärt Geschäftsführer Marko Spitz. »Wir wollen unseren Kunden auch in der Küche dieses Gefühl von Freiheit und Authentizität ermöglichen.«

Fingerfreie Ofenhandschuhe bestechen dabei nicht nur mit lässiger Optik, sondern haben auch praktische Vorteile: »Im Gegensatz zu normalen Ofenhandschuhen kann man sich mit unserem fingerfreien Modell viel besser bewegen oder auch mal am Smartphone in einem leckeren Barbecuerezept scrollen, bevor man dann das heiße Blech aus dem Ofen holt.«

Ein begeisterter Kunde ist Harry »Skull« Mommsen aus Bremen. »Ja, die sehen echt stark aus. Kann es kaum erwarten, die auszuprobieren«, so der 41-Jährige, während er zusieht, wie seine Pizza langsam kross wird. »Ganz im Vertrauen: Ich hab meinen Ofen ein bisschen getunt und jetzt schafft er locker 270 Sachen. Ober- und Unterhitze. Mir macht's einfach Spaß, so rumzuheizen. Ah, jetzt ist sie fertig!«

Wir wünschen: Bon Appetit!

Aus Rache für sein Auto: Mann kackt Vogel ins Nest

Nieder-Roden (dpo) – Er hat die Faxen dicke: Weil ein Vogel mehrfach sein Auto besudelt hat, ist ein Mann aus Nieder-Roden heute auf einen Baum geklettert und hat das Nest des dreisten Tieres als Toilette benutzt. Ihm gehe es bei der Aktion vor allem um Rache, so der 31-jährige Martin Zeigler.

»Das Mistvieh hat mein Auto komplett zugeschissen, überall klebt Vogelkacke! Auf dem Dach, dem Fenster, selbst hier an der Tür. Mir reicht's endgültig«, schimpft Zeigler, während er versucht, auf einem Ast balancierend seine Hose herunterzulassen. »Dann kack ich halt auch mal sein Eigentum voll. Mal schauen, wie ihm das gefällt. Nimm das, du Drecksvieh!«

Er kauert mit dem Hintern genau über dem Nest. »Hnnnnnnnggggggg! Hnnnnnnnnggggggggggg! Haha! Geschafft! Jetzt sieht er mal, wie das ist, der blöde Vogel!«

Bei Veröffentlichung des Artikels war Zeigler gerade dabei, das Gleichgewicht zu verlieren und samt vollgekacktem Vogelnest auf das Dach seines Autos zu stürzen.

Bleibt mal wieder an ihm hängen: Gärtner-Azubi muss Klettenwiese stutzen

Impfgegner hofft, dass Massensterben von Geimpften bald losgeht, weil er sonst jeden Tag ein bisschen dümmer wirkt

Stuttgart (dpo) – Jetzt könnte es doch wirklich langsam mal anfangen! Impfgegner Tilo Kurzlechner aus Stuttgart hofft, dass das in Querdenkerkreisen immer wieder prophezeite und auch von ihm angekündigte Massensterben von Geimpften bald losgeht, weil er sonst jeden Tag ein bisschen dümmer wirkt.

»Wie lange soll das denn noch dauern?«, fragt sich Kurzlechner zunehmend genervt. »Mein Ruf als kritischer Denker und seriöser Virensachverständiger steht auf dem Spiel, wenn nicht bald die ersten von den jetzt schon über 50 Millionen Geimpften qualvoll dahinsiechen!«

Immerhin kündigte der 58-Jährige schon vor Beginn der Immunisierungen im Januar an, dass innerhalb von zwei Wochen alle Geimpften sterben werden (»die Impfung zerschneidet die Gene«). Schon bald musste er seine Prognose auf die Zweitimpfung korrigieren (»natürlich entfaltet die Giftspritze erst dann ihre tödliche Wirkung«). Inzwischen bleiben Kurzlechner nur noch vage Facebook-Ankündigungen wie »im Laufe der nächsten beiden Jahre werden alle Geimpften ihr blaues Wunder erleben« oder »ich nehme nicht am größten Massenexperiment der Geschichte teil«. »Und selbst da bekomme ich inzwischen viel mehr Lachreaktionen als Daumen hoch«, so Kurzlechner. »Das wird langsam unangenehm. Ich brauche jetzt ganz bald ganz viele Impfopfer.«

Kurzlechner erwägt nun einen Strategiewechsel. »Ich sag jetzt erst mal eine Weile nix mehr zum Thema. Falls doch noch ganz viele Tote kommen, sag ich, ich hätt ja schon immer gewarnt, und falls nicht, dann tu ich so, als hätte diese ganze Episode nicht stattgefunden, und lass mich auch irgendwann heimlich, still und leise impfen.«

»Prima, Vera!«: Spanischlehrer lobt Schülerin für Übersetzung von »Frühling«

Alter Holzmichl gestorben

Johanngeorgenstadt (dpo) – Schon lange bestand Sorge um seinen Gesundheitszustand, nun ist er von uns gegangen: Der alte Holzmichl ist tot. Den Behörden zufolge verstarb der 98-Jährige bereits am Donnerstagmorgen im Klinikum Johanngeorgenstadt. Zuvor sei er bei seiner Lieblingstätigkeit, dem Holzhacken, plötzlich zusammengebrochen.

Ein Sprecher des Klinikums erklärte: »Zwischenzeitlich ging es wieder bergauf mit ihm, und wir dachten: Ja, er lebt noch, er lebt noch, stirbt nicht! Aber leider haben wir uns da getäuscht.«

Tatsächlich gehe man davon aus, dass der Tod des alten Holzmichl hätte vermieden werden können: Der alte Holzmichl war zuvor schon lange krank. Mindestens seit 2004 war bekannt, dass ihm nicht nur das Hacken, sondern auch das Atmen schwerfällt und er an schlimmem Husten sowie einer roten Nase leidet. Zudem wurde er als »halb tot« bezeichnet.

Dem Klinikum zufolge könnte der alte Holzmichl immer noch leben, hätte man ihn früher zu einem Arzt gebracht, anstatt jahrelang nur tatenlos seinen Zustand zu besingen.

Die Polizei ermittelt wegen unterlassener Hilfeleistung.

Das kommt davon: Gieriger Wolf übersieht siebtes Geißlein

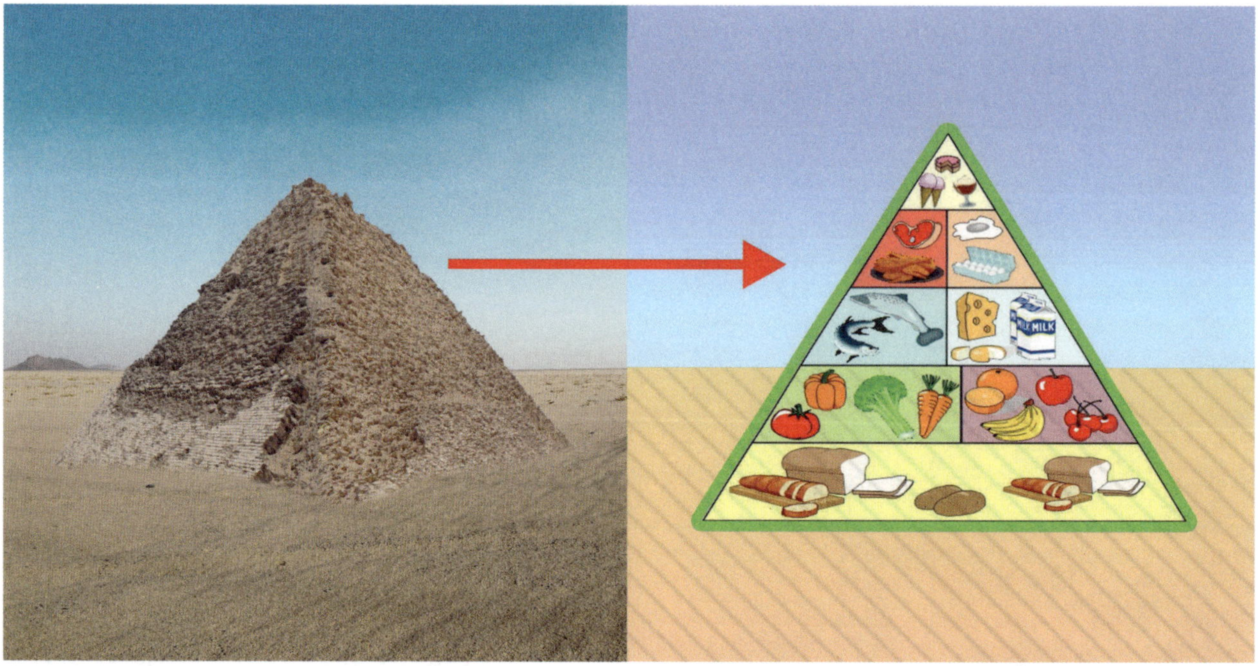

Ägypten: Archäologen finden mysteriöse mit Lebensmitteln gefüllte Pyramide

Luxor (dpo) – Experten sprechen vom wichtigsten Fund seit Tutanchamuns Grab: In Ägypten sind Archäologen auf eine etwa 3000 Jahre alte Pyramide gestoßen. Das Kuriose: Das Bauwerk ist offenbar von oben bis unten mit mumifizierten Lebensmitteln gefüllt.

»Eine derartige Pyramide haben wir bislang noch nie gefunden«, erzählt Ausgrabungsleiter Samir Abboud. »Noch ist völlig unklar, wozu dieses Gebäude diente, aber ein Königsgrab können wir zu diesem Zeitpunkt ausschließen.«

Anstelle von Grabkammern und langen Gängen fanden die Archäologen nach Stockwerken geordnete Speisearten.

»Im untersten Stockwerk stießen wir auf reichlich Getreideprodukte wie Brot, Nudeln und andere Teigwaren«, so Abboud. »Im zweiten aufgrund der typischen Pyramidenform etwas kleineren Stockwerk wurden Gemüse, Obst und Salat gelagert.«

Es folgen immer kleiner werdende Stockwerke mit Milchprodukten sowie Fisch und Fleisch. Ein kleiner Raum in der Spitze der Pyramide schließlich enthielt altägyptische Süßspeisen – etwa vergleichbar mit modernen Torten, Keksen und Kuchen.

Erste Thesen über den Sinn und Zweck der mysteriösen Pyramide reichen von einem Lebensmittelspeicher bis hin zur kultischen Verehrung von Speisen als Gottheiten.

Archäologen vermuten, dass sich in der Gegend noch weitere bislang unentdeckte Bauwerke befinden. Demnach finden sich in alten Hieroglyphen Hinweise auf mindestens eine weitere Pyramide, in der zahlreiche Schemata für unseriöse Geschäfts- und Vermarktungstaktiken archiviert sein sollen.

Häuslicher Notfall: Biertrinker greift zum Gerste-Hilfe-Kasten

Für Menschen mit Flugangst: Lufthansa nimmt erste Maschine in Betrieb, die am Boden bleibt und Zielort anrollt

Frankfurt (dpo) – Etwa 15 Prozent aller Deutschen leiden unter Flugangst. Um auch diesen Kundenkreis zu erschließen, hat die Lufthansa heute erstmals eine Maschine in Betrieb genommen, die für die gesamte Dauer der Flugreise am Boden bleibt.

»Das sogenannte Rollzeug ist ein voll funktionsfähiges Flugzeug des Typs Airbus A321 aus unserer Flotte«, erklärte ein Sprecher der Flug- und bald auch Landlinie. »Der einzige Unterschied ist, dass es nicht abhebt und stattdessen das europäische Straßennetz nutzt, um Passagiere an ihr Ziel zu bringen. Deshalb nennen wir ihn auch Groundbus G321.«

Zunächst wird das Rollzeug, das von einer neu gegründeten Tochterfirma der Lufthansa mit dem Namen »Bodenhansa« betrieben wird, die Route Berlin–Paris bedienen. Gesamtrollzeit: 18 Stunden 12 Minuten, je nach Verkehr auch mal länger. »Wenn das gut klappt, wollen wir bald auch Flüge, äh ... Rolle in Städte wie Rom, Madrid oder Wien anbieten«, so der Sprecher. »Der Bedarf ist auf jeden Fall da.«

Unterwegs können Reisende jeden Komfort nutzen, den sie von Flugreisen gewohnt sind. »Wir bieten Tomatensaft sowie kleine Snacks ab 17,99 Euro an, die von unseren Stewards und Stewardessen gerne serviert werden«, so der Sprecher. »Außerdem gibt es zwei winzige Toiletten für 300 Menschen, die allerdings nicht in der ersten Stunde nach Abreise und in der Stunde vor der Ankunft benutzt werden dürfen, weil man während dieser Zeit angeschnallt bleiben muss.«

Nur in ganz seltenen Fällen, etwa wenn eine Autobahnbrücke zu niedrig für das Rollzeug ist, wolle man mithilfe der Flügel und Turbinen einen »kleinen Hüpfer« machen. »Das ist aber selbstverständlich etwas ganz anderes als Fliegen. Das ist ja quasi nur ein Ministart und eine sofort darauf folgende Minilandung, bei der wir hoffentlich keinen Pkw zermalmen. Das sollte jedenfalls kein Problem sein und es passiert nur maximal elf-, zwölfmal pro Reise.«

Sollte sich das Konzept bewähren, sind in Zukunft sogar noch weiter entfernte Ziele denkbar: Derzeit arbeitet die Lufthansa bereits an Plänen für ein sogenanntes Schwimmzeug, mit dem bald auch beliebte Transatlantikrouten angeboten werden könnten.

Schnitt Zell': Molekularbiologe macht Mittag

Clever: Kölner fährt einmal pro Woche nach Polen, um dort günstig zu tanken

Köln (dpo) – Hohe Spritpreise? Für Peter Ronellenfitsch kein Problem! Der Kölner fährt mindestens einmal pro Woche nach Polen, um von den dortigen günstigeren Benzinpreisen zu profitieren. Teilweise spart er mit diesem Trick bis zu 40 Cent pro Liter.

»Klar, da bin ich schon 'ne Weile unterwegs«, gibt Ronellenfitsch zu. »Aber der Sprit ist da ist im Vergleich zu hier sagenhaft günstig. Da spare ich bei jeder Tankfüllung bis zu 20 Euro!«

Dafür nimmt er gerne in Kauf, wöchentlich einen kompletten Tag auf Achse zu sein. Immerhin ist die polnische Grenze rund 700 Kilometer von Köln entfernt.

»Wenn man dann ankommt und beginnt, zu tanken und sieht, dass da nur 1,30 Euro pro Liter weggehen, dann weiß man, dass es sich gelohnt hat«, so der 34-Jährige, während er an einer grenznahen Tankstelle sein Auto befüllt.

Plötzlich zieht er den Zapfhahn wieder aus dem Tank und zückt sein Smartphone. »Moment mal!«, murmelt er. »Hab ich's mir doch gedacht. In Ungarn ist es ja noch günstiger! Ich bin dann mal weg!«

Vor Weekend-Fest kochend: Frau verbringt Freitag mit Vorbereitung für Kartoffelparty

Eltern stecken Wolf unters Bett, weil Timmy (9) Angst hat, alleine im Zimmer zu schlafen

Saarbrücken (dpo) – Damit sollte dieses Problem ein für alle Mal gelöst sein: Weil sich der kleine Timmy (9) fürchtet, wenn er alleine in seinem Kinderzimmer schlafen muss, haben ihm seine Eltern soeben einen Wolf unters Bett gesteckt.

»So ein Wolf ist ganz schön teuer«, erklärt Timmys Mutter. »Aber wenn wir durch die Anschaffung in Zukunft endlich nicht mehr ewig neben seinem Bett sitzen müssen, bis er endlich eingeschlafen ist, dann hat es sich gelohnt.«

Den Wolf unters Bett zu bekommen, sei nicht einfach gewesen, berichtet Timmys Vater. »Da merkt man, dass das eigentlich Raubtiere sind. Der hat uns ständig angeknurrt und mehrfach nach uns geschnappt.«

Erst ein unters Bett geworfenes Stück Fleisch habe schließlich den gewünschten Erfolg gebracht.

Der kleine Timmy selbst weiß indes noch nichts von seinem Glück. »Das soll eine Überraschung werden«, so seine Eltern. »Der wird Augen machen, wenn er im Halbdunkel unters Bett schaut und merkt, dass er nicht allein ist.«

Traumtor: Stürmer nickt ein

23 Sätze, die Sie niemals in der Sauna sagen sollten

Selten kommt man unbekleideten Fremden so nahe wie in der Sauna. Deshalb kann ein falscher Satz in diesem intimen Setting besonders unangenehme Folgen haben. Der Postillon hat Experten, erfahrene Saunagänger und besonders verschwitzte Menschen befragt, welche Äußerungen am unbeliebtesten sind. Hier sind 23 Sätze, die Sie niemals in einer Sauna sagen sollten:

1. »Hihihi! Hier sind ja alle nackt! Hihihi! Hihihi! Hihihi! Hihihi! Hihihi! Hihihi! Hihihi! Hihihi! Hihihi!«

2. »Ist Ihnen auch so heiß? Warten Sie, ich lüfte mal ein bisschen, bis das hier 20 Grad oder so hat. Hält ja keiner aus, diese Bullenhitze.«

3. »Stört es Sie, wenn ich rauche?«

4. »Interessantes Muttermal haben Sie da am Geschlechtsteil. Wirklich interessant …«

5. »Was soll das heißen, ›das ist unsere Privatsauna‹? Die Kellertür stand offen und ich war zufällig nackt, da wird das doch wohl in Ordnung sein, oder?«

6. »Entschuldigung, wenn ich das so direkt sage, aber Sie schwitzen ziemlich!«

7. »… und dann habe ich dem Polizisten eine Tränengaspatrone entwendet. Hier, schauen Sie mal … huch! Jetzt ist sie mir auf die heißen Steine für den Aufguss gefallen.«

8. »In Russland schlägt man sich ja in der Sauna mit Zweigen. Wären Sie vielleicht so nett? Ich hab auch extra einen Bambusstock dabei.«

9. »Witzig, als ich die Tür hinter mir schloss, löste sich ein Brett, das wie so ein Riegel davorfiel. Na ja, egal. Wird schon nicht so schlimm sein.«

10. »Okay, kleine Abstimmung: Wer mich sexy findet, schwitzt genau jetzt bitte!«

11. »Boah, ich glaube, das letzte Mal habe ich so krass geschwitzt, als ich heute Morgen einen positiven Coronatest hatte.«

12. »Huiuiui, 'tschuldigung. Den Bohneneintopf hätte ich wohl lieber nicht essen sollen. Huch! Schon wieder.«

13. »Mmmh! Schweiß! Leckerer Schweiß! Stört es Sie, wenn ich mich ablecke?«

14. »Normalerweise habe ich einen größeren Penis, aber hier ist es sehr kalt.«

15. »Hoffen wir mal, dass der Saunamörder heute nicht zuschlägt. Sie wissen nicht, wer der Saunamörder ist? Sieht ein bisschen so aus wie ich und hat genau in dieser Gegend bereits 35 Menschen in der Sauna ermordet.«

16. »Hallo, darf ich mit Ihnen über unseren Erlöser und Heiland Jesus Christus sprechen?«

17. »Entschuldigung, ich wollte nur sagen: Fangen Sie ruhig schon mit dem Sex an und lassen Sie sich nicht von mir stören, ich möchte nur zuschauen.«

18. »Wer sich noch nie in der Sauna die Finger verbrannt hat, der werfe den ersten heißen Stein!«

19. »Wow, ich hätte nicht erwartet, dass ich mit Abstand am schönsten hier bin.«

20. »Gänsedaunen. Das ist eine Jacke aus echten Gänsedaunen. Ich frier immer so leicht.«

21. »Hätten Sie was gegen einen Wurstwasseraufguss?«

22. »Boah ey, ganz schön feuchte Luft hier! Das ist nicht gut für meinen hochansteckenden Genitalpilz.«

23. »Keine Sorge, ich fotografiere hier nur für meine private Sammlung, die Bilder lade ich nicht hoch.«

Bald erhältlich!

Warum gelang es Wissenschaftlern erst jetzt, kernlose Walnüsse zu züchten? Hat Baerbock ihren Nachnamen von zwei Tieren abgeschrieben? Und wie konnten bei der schwersten Solarkatastrophe der Gegenwart 100.000 Liter Sonnenstrahlen aus einer undichten Photovoltaikanlage auslaufen?

All das können Sie jetzt nachlesen in unserem neuen Bu… Moment, was? Sie halten das neue Postillon-Werk bereits in der Hand? Ernsthaft?!? Selbst das Cover ist gleich, sagen Sie? Ääääh … wer hat denn da beim Verlag nicht aufgepasst? Moment, wir telefonieren da mal kurz … so, da sind wir wieder. Also, das Problem liegt eher in der Redaktion. Wie so oft. Nun ja, was sollen wir sagen? Kaufen Sie das Buch halt ein zweites Mal und verschenken Sie es! Herrgott!

Wegen Antikriegsprotest: Russische Polizei nimmt weiße Taube fest

Moskau (dpo) – Öffentlicher Protest gegen die Invasion in der Ukraine wird in Russland aktuell streng verfolgt. Nun haben Polizisten auf dem Puschkinplatz in Moskau eine weiße Taube gewaltsam festgenommen, weil sie durch ihre Anwesenheit die »Spezialoperation« diffamiert hat.

Augenzeugen zufolge landete das pazifistische Tier am Dienstag gegen 14 Uhr auf dem Platz. Es ging ein wenig auf und ab, pickte nach einigen Essensresten, woraufhin die Polizei eine erste Verwarnung aussprach. Als die Taube dann auch noch provokant ihre Flügel spreizte und den Schnabel öffnete – mutmaßlich, um gegen den Krieg in der Ukraine zu demonstrieren – griffen die Einsatzkräfte zu.

Zwölf Beamten in Schutzausrüstung stürzten sich auf das Tier, das vergeblich versuchte wegzufliegen. Nach einem kurzen Schlagstockeinsatz war der Wille der Taube und womöglich auch einer ihrer Flügel gebrochen.

Derzeit befindet sich der gefiederte Unruhestifter wegen Diffamierung der russischen Armee in Polizeigewahrsam. Dabei soll auch überprüft werden, ob die Taube womöglich Kontakte ins Ausland oder gar direkt zur NATO hat. Zudem wurde bei einer Razzia im Nest des Vogels ein Olivenzweig gefunden, was die Vorwürfe weiter erhärtet.

Bei einer Verurteilung drohen dem Tier eine Geldstrafe von bis zu 70 Milliarden Rubel (ca. 20 Euro) sowie eine Haftstrafe von bis zu 15 Jahren.

Bekamen lange keinen Wind davon: Büroangestellte mit Fake-Ventilatoren abgezockt

Aus Angst vor Hamsterkäufen: Frau kauft halben Supermarkt leer

Oerlinghausen (dpo) – Sicher ist sicher: Weil immer mehr unvernünftige Leute Hamsterkäufe machen, hat Ursula Mechtfeld aus Oerlinghausen heute vorsorglich den örtlichen Supermarkt halb leergekauft. So will sich die 48-Jährige vor dem asozialen Verhalten ihrer Mitbürger schützen.

»Als ich von Hamsterkäufen gehört habe, wusste ich, ich muss sofort in den Supermarkt und noch schnell so viel kaufen wie möglich, bevor diese ganzen Verrückten kommen und alles leerkaufen«, erklärt Mechtfeld, während sie palettenweise Öl, Mehl, Nudeln und Konserven in ihren Kofferraum wuchtet.

Über Hamsterkäufer ärgert sie sich. »Die sind total unsolidarisch und kaufen Leuten wie mir einfach alles weg. Da bin ich echt froh, dass ich denen noch zuvorkommen konnte.«

Wie knapp es war, zeigen die blauen Flecken an ihren Schienbeinen. »Da hat so ein irrer Opa versucht, mich mit seinem Wagen vom Regal mit den Pflanzenölen abzudrängen«, berichtet sie. »Aber am Ende konnte ich seinen Spazierstock gegen ihn verwenden und habe elf Flaschen erbeutet. Wahnsinn, wie egoistisch die Leute werden, wenn sie das Gefühl haben, sie könnten leer ausgehen.«

Tatsächlich fühlt sich Ursula Mechtfeld durch dieses Erlebnis in ihrer Sorge vor leeren Regalen aufgrund von Hamsterkäufen sogar noch bestärkt. »Ich bring das jetzt heim und danach klappere ich noch ein paar andere Supermärkte ab.«

Vorbild Kirchenstrafrecht:

Mafia will ihre Verbrechen künftig selbst aufarbeiten

Neapel (dpo) – Sie machen es jetzt wie die Profis: Weil ihre Mitglieder von der ständigen Strafverfolgung durch die Behörden die Nase voll haben, hat Italiens Mafia heute angekündigt, Verbrechen in den eigenen Reihen künftig nach dem Vorbild der katholischen Kirche selbst aufzuarbeiten, ohne dass sich Polizei oder Staatsanwaltschaft einmischen.

»Wir haben uns lange genug mit dem Gesetz herumgeärgert«, so ein Sprecher der gefürchteten Camorra. »Dabei macht die Kirche seit Jahrhunderten vor, wie es geht. Da wollen wir auch hin. Unser Schattendasein muss ein Ende haben, wir wollen jetzt auch staatliche Anerkennung sowie eine eigene Gerichtsbarkeit.«

Schon allein aus Gründen der Gleichbehandlung müsse die Mafia dieses Privileg ebenfalls genießen. »Was dem einen in Italien ansässigen Verbrechernetzwerk gestattet ist, darf dem anderen nicht verwehrt werden«, so der Sprecher. »Gleiches Recht für alle!«

Künftig will die Mafia selbst bestimmen, wie mit Straftätern in den eigenen Reihen umgegangen wird. »Wenn beispielsweise einer unserer Mitarbeiter zehn Personen mit dem Maschinengewehr erschießt und an Schweine verfüttert, geht das die Polizei und weltliche Gerichte nichts an. Wir versetzen den Übeltäter dann einfach an einen anderen Standort und erinnern uns danach nicht mehr daran. Und wenn das rauskommt, haben die Behörden gefälligst die Schnauze zu halten und nicht irgendwelche Razzien durchzuführen.«

Langfristig soll die Mafia so nach eigenem Wunsch eine ähnliche umfassende staatliche Akzeptanz erfahren wie die Kirche, wie der Sprecher erklärt: »Über kurz oder lang wollen wir an einem Punkt angelangen, in dem unsere Vertreter die Regierung offiziell beraten, der Staat direkt für uns alle Schutzgelder eintreibt und wir umfangreiche Steuerprivilegien genießen, ohne mühsam Geldwäsche zu betreiben.«

Seine Frau liegt in den Wehen: Werdender Vater stoppt Schneepflugfahrer

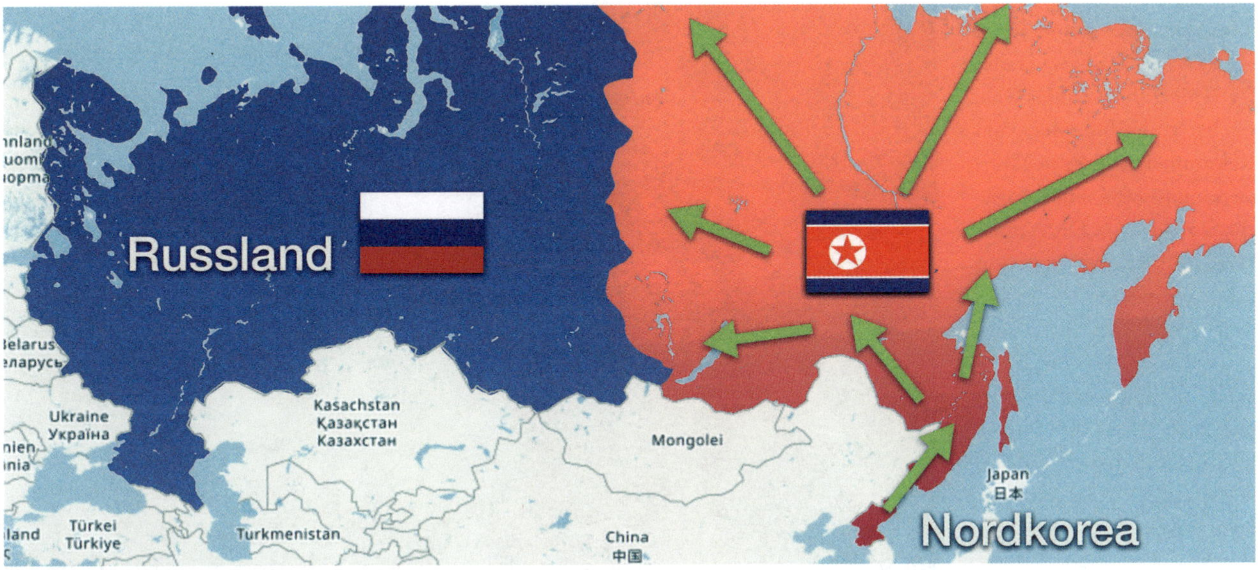

Nordkorea nutzt Gunst der Stunde und erobert kompletten Osten Russlands

Pjöngjang, Wladiwostok (dpo) – Das hat Putin jetzt davon, dass er immer mehr Truppen an die Grenze der Ukraine verlegt hat! Wie Satellitenaufnahmen zeigen, hat Nordkorea die Gunst der Stunde genutzt, eine überraschende Invasion gestartet und den östlichen Teil Russlands nahezu widerstandslos erobert.

»Es scheint, als hätte Nordkorea leichtes Spiel gehabt, weil Russland sich seit Monaten komplett auf seine Westflanke konzentriert«, erklärt Militärexperte Florian Freiherr zu Eschbach. »Außerdem dürfte das vergleichsweise kleine Land, das mit 17,3 Kilometern nur über eine sehr kurze Grenze zu Russland verfügt, vom Kreml schlicht nicht als Bedrohung wahrgenommen worden sein – eine fatale Fehleinschätzung!«

Erst als bereits weite Teile Sibiriens, Jakutiens und des Fernen Ostens unter nordkoreanischer Herrschaft standen, gelang es Russland, überhaupt zu reagieren und einen vorübergehenden Waffenstillstand zu verhandeln.

Kim Jong-un ließ sich derweil in seiner Heimat feiern und führt nun neben dem Titel »Oberster Führer« Nordkoreas auch den glanzvollen Titel »Lordsiegelbewahrer der Protektorate Ostrussland und Sibirien«. Zugleich erklärte er Koreanisch zur neuen Amtssprache in den eroberten Gebieten und befahl allen Anwohnern unter Androhung von Zwangsarbeit, sich öffentlich mit Festen und Straßenumzügen für die Eroberung durch die nordkoreanische Armee zu bedanken.

Russlands Truppen zogen sich derweil weitgehend von der Ukraine zurück, um die neuen Grenzen im Osten des Landes, aber auch den Süden Russlands zu sichern, bevor auch noch Kasachstan und die Mongolei auf dumme Gedanken kommen.

Den Kopf zerbrochen: Putzhilfe grübelt, wie sie Missgeschick mit wertvoller Büste erklären soll

Süle erklärt seinen Wechsel zum BVB:

»Mit Bayern hätte ich mir den Traum vom Vizemeistertitel niemals erfüllen können«

München, Dortmund (dpo) – Es ist der Aufreger-Transfer schlechthin: Niklas Süle wechselt im Sommer vom Rekordmeister Bayern München ablösefrei zum Ligarivalen Borussia Dortmund. Dem Postillon verriet er nun exklusiv, warum er unbedingt zum BVB wollte.

»Der Vizemeistertitel fehlt mir noch in meiner Sammlung«, so der 26-jährige Nationalspieler, der mit seinem Verein unter anderem viermal Deutscher Meister, FIFA-Klub-Weltmeister, Champions-League-Sieger und zweimal DFB-Pokalsieger wurde. Doch Bundesligazweiter, das wurde Süle noch nie.

Beim FC Bayern gab man sich angesichts des überraschenden Wechsels enttäuscht, aber versöhnlich. »Ich hätte ja gesagt: Komm, Niklas, bleib noch zwei, drei Jahre hier, vielleicht schaffen wir irgendwann so eine richtige Seuchensaison«, erklärte Oliver Kahn, bevor er von seinem Sprungbrett genüsslich in einen Pool voller Meisterschalen sprang. »Aber gut, ich habe da schon Verständnis, wenn er auf seine erste Vizemeisterschaft einfach nicht länger warten möchte. Und jetzt ein schönes Meisterschalenbad! Aaah! Ich liebe es, wie sie auf meinen Kopf prasseln.«

Dass Süle nun ausgerechnet zu Bayern-Hauptkonkurrenz Dortmund wechselt, hat auch einen ganz pragmatischen Grund: Ein Wechsel ins Ausland war für Süle, der seit seinem 18. Lebensjahr keinen anderen Meister als Bayern München kennt, nach eigenen Angaben nie infrage gekommen, weil dort der deutsche Vizemeistertitel gar nicht existiert.

Unterdessen bereitet Süle sich jetzt schon akribisch auf seinen neuen Arbeitgeber vor. Nach dem offiziellen Training bei Bayern München fährt der Nationalspieler Sonderschichten und übt fleißig Fehlpässe, an hohen Flanken vorbeispringen und Eigentore schießen.

Transparend: Neuartige Fischöllampen mit durchsichtigen Glaskolben viel effizienter

»Hat genauere Zahlen als wir«: RKI lässt Inzidenz von Tarotkartenlegerin bestimmen

Berlin (dpo) – Weil es über die Feiertage zu massiven Verzögerungen bei Tests und Meldungen kam, tappt Deutschland derzeit im Dunkeln, was die Corona-Infektionszahlen anbelangt. Mangels belastbarer Daten griff das Robert Koch-Institut deshalb heute auf eine pragmatische Lösung zurück: RKI-Chef Wieler ließ die aktuelle 7-Tage-Inzidenz live in der Bundespressekonferenz von einer Wahrsagerin mithilfe von Tarotkarten bestimmen.

»Wir gehen davon aus, dass Madame Adriana derzeit genauere Zahlen liefern kann als wir«, so Wieler, während die Wahrsagerin neben ihm murmelnd mit einem Stapel Karten hantierte. »Sie hat nämlich auch über Weihnachten und Silvester Tarotkarten gelegt, während in unseren Gesundheitsämtern nicht viel los war.«

Wenig später hob die 72-Jährige eine Karte in die Höhe, auf der ein Apfel, eine nackte Frau und ein Wildschwein zu sehen waren. »Oh, das ist schlecht, sehr schlecht«, erklärte Madame Adriana mit sorgenvollem Gesichtsausdruck. »Das bedeutet eine 7-Tage-Inzidenz von mindestens 600. Aber es gibt auch Hoffnung: In Kürze werden Sie eine romantische Begegnung haben und ich sehe auch mehrere Kinder in der Zukunft.«

Anschließend pendelte die Seherin noch die Hospitalisierungsrate aus (»sehr groß und stark, mindestens 8 pro 100 000 Einwohner«) und befragte ihre Kristallkugel, um die Zahl der Impfdurchbrüche zu erfahren. (»Es sind jetzt schon sehr viele. Aber wenn Sie Ihr Herz für die Liebe öffnen und die Nähe zu Ihren Mitmenschen suchen, könnten es noch mehr sein.«)

Nach Angaben des RKI dürfte Madame Adriana auch in den nächsten Tagen noch als Datengrundlage dienen, bis von Behördenseite wieder halbwegs verlässliche Zahlen vorliegen. Ihr Honorar von 475 Euro beglich Wieler noch vor Ort in bar.

Fotogalerie: Zehn zahme Ziegen, die zehn Zentner Zucker zum Zoo ziehen

In Zittau zogen heute zehn zahme Ziegen zehn Zentner Zucker zum Zoo. Ein Zuschauer zückte – zaghaft zwar, doch zielstrebig – seinen Zeiss-Fotoapparat und erzeugte zuckersüße Fotos der zutraulichen Zicklein, die wir Ihnen als zuständige Zeitung zuversichtlich zeigen:

1. Zlatan

Zäh wie ein Zyklop zieht Ziegenbock Zlatan seinen Zentner Zucker zum Zoo. Echt zackig!

2. Zickbert

Zitternd zieht auch der zierliche Zickbert Zucker zum Zoo, mit jedem Zug zusehends vorm Zusammenbruch. Eine ziemliche Zumutung!

3. Zenzi

Ziege Zenzi zieht ebenfalls einen Zentner. Zum ZDF sagt sie: Zum Zaudern!

Zieht die Kinder groß: Kerkermeister formt seine Nachkömmlinge auf der Streckbank

4. Zacharias

Zwar zankte er zwischenzeitlich zornig mit Züchterin Zoe, doch nun zieht Ziegenbock Zacharias ganz zivilisiert eine zugenähte Zeltplane voller ... äh ... Zucker, wie wir uns zuversichtlich zusammenreimen. Halt, Zacharias! Nicht zuscharren! Zum Zoo ziehen!

5. Zofie

Zufällig zog Zofie ihren Zucker am zyprischen Zoll vorbei. Jetzt zahlt sie zwangsweise zweiundzwanzig Cent Zollgebühren pro Zehntelzentner Zucker.

6. Zefania

Ziege Zefania zieht zwar Zucker zum Zoo, zweifelt aber zuweilen zynisch am Zweck des Zuckerziehens.

7. Zebedäus

Zefix! Da zieht ja gar keine zahme Ziege Zucker zum Zoo, sondern das zögerliche Zebra Zebedäus Zimt zur Zapfsäule! Schnurz! Wir sagen: Zählt!

8. Zelda

Zeldas zarte Zähne zeigen bei zeitintensivem Ziehen Zersetzungserscheinungen. Zwar zahlt die Zahnversicherung Zinnfüllungen, doch die zwicken das Zahnfleisch.

9. Zorro

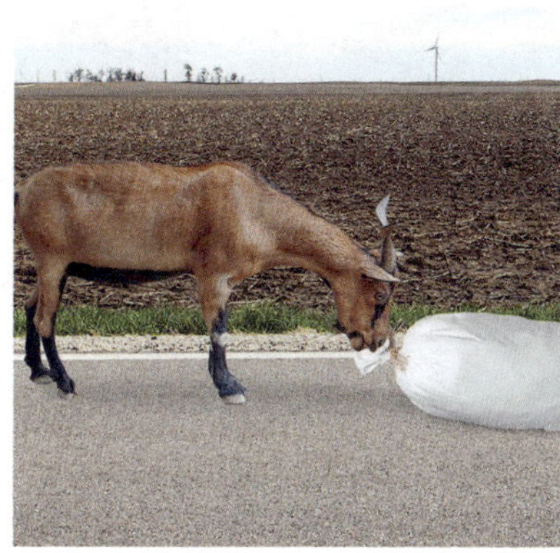

Zentnerschwere Zuckersäcke ziehen zehrt ziemlich an Zorros Zuversicht. Inzwischen zieht er zäh in Zeitlupe – doch der zauselige Ziegenbock zetert nicht.

10. Zäzilie

Am Zielort Zoo zieren Zuckerberge die Szene. Ziege Zäzilie zieht zufrieden ihren Zentner hinzu. Zeit zum Zelebrieren!

Will was auf die Seite legen: Geiger spart für neuen Bogen

Russland bewirbt sich mit Spielorten Kiew, Warschau und Berlin für EM 2028

Moskau (dpo) – Ungeachtet seiner Isolation wegen des Angriffskriegs gegen die Ukraine will Russland die Fußballeuropameisterschaft 2028 ausrichten. Russland habe eine entsprechende Absichtserklärung abgegeben, heißt es. Als Spielorte geplant sind unter anderem Moskau, Kiew, Warschau, Riga, Tiflis und sogar Berlin.

»Wir wollen die Europameisterschaft 2028 zu einem Fest des Fußballs machen, von der russischen Nordseeküste bis an den Pazifik«, erklärt der Chef des russischen Fußballverbandes RFS, Alexander Djukow. »Die Welt zu Gast bei Russland.«

Demnach sollen ein Viertelfinal- und ein Halbfinalspiel des Turniers im Berliner Olympiastadion stattfinden. »Als Hauptstadt der Oblast Germaniya eine angemessene Wahl«, so Djukow weiter. »Die Meile vor dem Brandenburger Tor wird ein weiß-blau-rotes Fahnenmeer sein.«

Weitere Spielorte könnten Moskau, St. Petersburg, Wladiwostok, Kiew (Oblast Ukraina), Riga (Oblast Latviya) und Tiflis (Oblast Gruziya) sein.

Für den Fall, dass Russland den Zuschlag bekommt, verspricht Djukow ein sportliches Spektakel der Extraklasse: »Wir als Gastgeber werden ganz groß aufspielen. Da setzen wir große Hoffnungen in russische Talente wie Leroy Sané, Erling Haaland oder Denzel Dumfries. Da müssen wir uns nicht vor der Konkurrenz fürchten, die in Westeuropa noch übrig ist.«

Peking (dpo) – Der erste Trainingslauf des deutschen Viererbobs in Peking ist zu einer Blamage geraten: Nachdem der Motor des Schlittens beim Start den Dienst versagte, mussten die vier Athleten um Pilot Christoph Hafer aussteigen und den Schlitten anschieben. Ihren Ruf als Goldfavorit dürften die Deutschen damit erst einmal los sein.

Motor nicht angesprungen: Deutscher Viererbob muss beim Start angeschoben werden

»Unfassbar, dass das Scheißteil ausgerechnet jetzt anfängt, Zicken zu machen«, erklärte ein sichtlich genervter Christoph Hafer nach dem Training. »Bislang hatten wir da nie Probleme.«

Die Szenen werfen ein schlechtes Licht auf den deutschen Bobsport, der eigentlich weltweit als Vorbild gilt. Nachdem der Start offiziell freigegeben war, hörte man zunächst nichts als das klägliche Stottern des sonst so zuverlässigen Vierzylindermotors.

Weil die Zeit bereits lief, blieb den Athleten nichts anderes übrig, als blitzschnell auszusteigen und den Schlitten anzuschieben. »Wir können froh sein, dass es nach dem Start direkt bergab ging«, so Hafer.

Erst als sie genug Schwung hatten, kletterten die vier schnell zurück ins Fahrzeug. Hafer: »Ich hab die Kupplung langsam kommen lassen und dann sprang die Kiste endlich an.«

Der Rest der Fahrt verlief glücklicherweise ohne weitere Zwischenfälle. »Dafür, was alles schiefgegangen ist, war unsere Zeit noch recht solide.«

Im deutschen Trainerstab herrscht nach der Panne Entsetzen und Anspannung. »Unsere Ingenieure werden jetzt noch mal eine gründliche Fehleranalyse betreiben«, so Cheftrainer René Spies. »Kraftstoff, Einspritzautomatik, Zylinderdichtungen – alles kommt jetzt noch einmal unter die Lupe, damit wir im Wettkampf richtig Gas geben können.«

Horrorverdacht:

Bestehen Tönnies-Würste aus den Kadavern ermordeter Tiere?

Rheda-Wiedenbrück (dpo) – Hat die Lebensmittelaufsicht in Deutschland kläglich versagt? Laut Informationen, die dem Postillon vorliegen, sollen für Produkte des Wurstproduzenten Tönnies millionenfach Tiere getötet und verarbeitet worden sein. Der Verdacht liegt nahe, dass auch andere Firmen die ekelerregenden Produktionsmethoden nutzten.

Der Vorwurf ist ungeheuerlich: Wurden unzählige Rinder, Schweine, Puten und Hühner erst hingerichtet und ihre Leichname anschließend regelrecht verwurstet, damit das Unternehmen aus Rheda-Wiedenbrück seine Umsätze steigern konnte? Darauf deuten geschäftliche Unterlagen der Firma sowie die Aussagen mehrerer Zeugen hin.

»Als ich bei Tönnies anfing, da kamen jede Woche Dutzende Lastwagen angefahren«, erinnert sich ein anonymer Ex-Mitarbeiter. »Eines Tages wurde ich damit beauftragt, einen der Laster auszuladen. Als ich die Tür zum Laderaum aufmachte, gefror mir das Blut in den Adern: Lauter Leichenteile von Tieren. Das war wie in einem Horrorfilm.« Er zeigt dem Rechercheteam des Postillon dieses Foto:

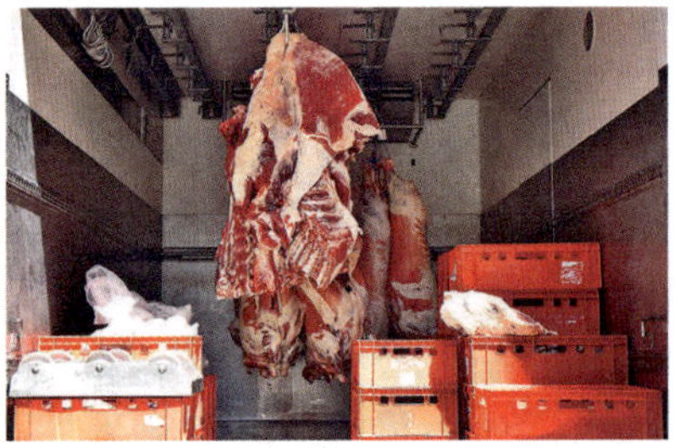

Als er Kollegen auf die grausame Entdeckung ansprach, sei er nur ausgelacht worden. »Ich hatte das Gefühl: Die alle wussten Bescheid, bis ganz nach oben in die Chefetage. Drei Tage später habe ich gekündigt. Bis heute kann ich keine Wurst mehr essen, weil ich immer die irrationale Angst habe, dass dort Tierleichen drin sein könnten.«

Entsetzen auch bei der Kundschaft: »Ich hab mir regelmäßig den Bierschinken von Tönnies aufs Brot gelegt«, erklärt Anna Letsche (51) aus Bochum. »Und da soll jetzt … totes Schwein … Mir wird ganz anders, wenn ich da nur dran denke. Das wusste ich doch nicht. Am Ende war da wahrscheinlich nicht mal Bier drin ... Entschuldigung. Mir wird schlecht.« Sie hält sich die Hand vor den Mund und stürmt auf die Toilette.

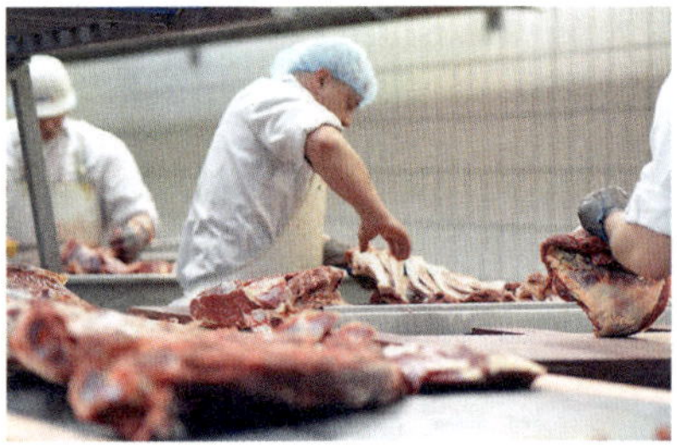

Mitarbeiter von Tönnies beim Zerlegen von Tierleichnamen.

Geschäftsunterlagen, die dem Postillon vorliegen, zeigen das ganze Ausmaß der Tiertötungen. Allein Tönnies soll pro Jahr rund 430 000 Rinder und 20,8 Millionen Schweine töten und die Leichen zu Wurst verarbeiten. Mehrere 100 Millionen Hühner und Puten werden jährlich bei Wiesenhof getötet.

Doch diese grausame Praxis dürfte schon bald ein Ende haben. Spätestens nach Veröffentlichung dieser Meldung dürfte Firmen wie Tönnies und Co. die staatlich verordnete Zwangsschließung drohen.

Weil es in Strömen regnet: Mann muss beim Gartengießen Regenjacke tragen

Donaueschingen (dpo) – Die Gartenarbeit muss halt auch bei schlechtem Wetter erledigt werden: Weil es in Strömen regnete, sah sich Peter Neuhuber aus Donaueschingen heute gezwungen, eine Regenjacke zu tragen, während er seinen Garten bewässerte.

»Dass man bei so einem Sauwetter zum Gießen rausmuss, nervt natürlich«, so der 38-Jährige. »Aber ich habe erst vor ein paar Tagen frisch ein Stück Rasen angesät und das sollte gerade am Anfang gut gegossen werden. Und meine Rhododendren brauchen auch regelmäßig Wasser.«

Erst habe Neuhuber mit dem Gießen warten wollen, bis der Regen aufhört, doch ein Blick in seine Wetter-App hatte ergeben, dass auch in den nächsten Stunden keine Besserung in Sicht ist. »Darum habe ich mir dann eben doch eine Regenjacke angezogen und bin raus«, so der Hobbygärtner. »Nicht dass meine Pflanzen noch verdursten.«

Wirklich klug findet Neuhuber die Gartenbewässerung bei Regen auch mit wetterfester Kleidung nicht: »Man sieht bei so 'nem Wetter leider echt schwer, wo man schon gegossen hat und wo nicht, weil der Boden vom Regen überall gleich nass ist. Da gießt man schnell wo doppelt und das ist dann natürlich schon irgendwie Wasserverschwendung.«

RATGEBER

Von der russischen Regierung lernen: So reden Sie sich aus allem heraus, egal, was Sie verbrochen haben

Es ist schlimm: Kaum hat man etwas verbrochen, geht es direkt los mit unangenehmen Beschuldigungen, Strafprozessen, gesellschaftlicher Ächtung. Doch das muss nicht sein! Der Postillon hat die Strategie analysiert, mit der die russische Regierung seit Jahren straflos allen Konsequenzen entgeht. Egal, was Sie verbrochen haben – nutzen Sie diese zehn einfachen Schritte, um sich herauszureden (WICHTIG: Sie müssen stets alle zehn Schritte gleichzeitig nutzen, auch wenn sie sich gegenseitig widersprechen):

1. *Streiten Sie sofort ab, es gewesen zu sein.*

Vermeiden Sie von der ersten Sekunde jede Form von Zweifel. Streiten Sie die Tat am besten schon ab, bevor sie Ihnen überhaupt vorgeworfen wurde.

Beispiele:

- *»Nein. Ich war das nicht, der mein Auto vor Ihrer Einfahrt geparkt hat.«*
- *»Nein, ich habe doch meine Schwiegermutter nicht ermordet.«*
- *»Nein, ich habe das letzte Stück Kuchen nicht gegessen.«*

2. *Behaupten Sie, der Ankläger habe es selbst gemacht.*

Dieser simple Trick wird besonders Ihre Fans und Freunde begeistern: Drehen Sie einfach den Spieß um. Sollen doch die Beschuldiger oder Opfer mal sehen, wie es ist, etwas abstreiten zu müssen!

Beispiele:

- *»Lieber Herr Nachbar, Sie müssen mein Auto selbst vor Ihre Einfahrt gestellt haben.«*
- *»Meine Schwiegermutter muss sich selbst ermordet haben.«*
- *»Du hast das letzte Stück Kuchen doch selbst gegessen!«*

3. *Behaupten Sie, alle Zeugen seien bezahlte Lügner.*

Lügnern glaubt niemand. Es wäre also höchst praktisch für Sie, wenn es sich bei allen Zeugen Ihrer vermeintlichen Verbrechen um bezahlte Lügner handeln würde. Behaupten Sie es einfach und schauen Sie, was passiert.

Beispiele:

- *»Die vielen Nachbarn und Passanten sowie der Verkehrspolizist, die mich angeblich allesamt beim Zuparken gesehen haben, sind bezahlt, das zu behaupten.«*
- *»Mein Schwiegervater wurde bestochen.«*
- *»Die auf den Kuchen gerichtete Überwachungskamera hat wertvolle Mikrochips dafür erhalten, um mich als vermeintlichen Täter aufzuzeichnen.«*

4. *Behaupten Sie, alle Beweise seien gefälscht.*

Sie haben Spuren hinterlassen, die Sie eindeutig als Täter identifizieren? Das muss nicht das Ende sein, denn heutzutage lässt sich schließlich alles fälschen.

Beispiele:

- *»Das Foto, das mich beim Parken vor Ihrer Einfahrt zeigt, wurde mit Photoshop* *bearbeitet. Sehen Sie da diesen einen Fleck? Der beweist es.«*

- *»Die vermeintliche Tatwaffe in meiner Hand ist lediglich mit Ketchup besudelt.«*
- *»Meine Fingerabdrücke wurden von Dritten auf dem Kuchenblech platziert.«*

5. ***Behaupten Sie, der ganze Vorfall sei ohnehin überhaupt nicht passiert.***

Wenn etwas gar nicht erst geschehen ist, können Sie es auch nicht verbrochen haben – ganz einfach!

Beispiele:

- *»Mein Auto steht überhaupt nicht vor Ihrer Einfahrt.«*
- *»Meine Schwiegermutter wurde überhaupt nicht ermordet.«*
- *»Das letzte Stück Kuchen ist noch da.«*

6. ***Behaupten Sie, Sie hätten überhaupt keinen Vorteil von der Tat.***

Cui bono? Nicht Ihr bono, so viel ist klar! Wer etwas nachdenkt, muss doch erkennen, dass sämtliche Untaten, die Ihnen vorgeworfen werden, Ihnen selbst überhaupt nichts bringen – selbst wenn es danach aussieht.

Beispiele:

- *»Warum sollte ich ausgerechnet Ihre Einfahrt zuparken? Ich hätte das Auto ja genauso gut vor jeder anderen Einfahrt parken können.«*
- *»Warum sollte ich der alten Schreckschraube, die immer behauptet hat, ich sei ein Versager, nach dem Leben trachten?«*
- *»Wer mag schon Kuchen? Niemand mag Kuchen. Warum sollte ich ihn also essen?«*

7. ***Behaupten Sie, das Opfer sei ein Schauspieler.***

Die simulieren doch alle nur! Und zwar professionell. Anders ist das alles nicht zu erklären.

Beispiele:

- *»Tolle Einfahrtattrappe haben Sie da. Und sind Sie überhaupt mein Nachbar oder werden Sie vom britischen Geheimdienst bezahlt?«*
- *»Meine echte Schwiegermutter sah ganz anders aus!«*
- *»Die herumliegenden Krümel sind Krisenschauspieler.«*

8. ***Behaupten Sie, Ihr Opfer habe es ohnehin verdient.***

Sie sollen hier der Böse sein? Stimmt doch gar nicht, es war genau andersherum! Sie haben nur für Gerechtigkeit gesorgt und sonst gar nix!

Beispiele:

- *»Sie wären sonst mit dem Auto herumgefahren und hätten dadurch zum Klimawandel beigetragen. Ich habe uns alle gerettet.«*
- *»Meine Schwiegermutter hatte vor, den Präsidenten zu erschießen.«*
- *»In dem Kuchen war Schokolade. Hätte ein Hund ihn gefressen, hätte das böse ausgehen können.«*

9. ***Verweisen Sie darauf, dass die USA in der Vergangenheit noch viel Schlimmeres angestellt haben.***

Selbst in unsicheren Zeiten kann man sich auf eines verlassen: Die USA haben garantiert mindestens genauso große Scheiße gebaut wie Sie. Versäumen Sie es nicht, darauf hinzuweisen.

Beispiele:

- *»Freuen Sie sich doch, dass es nur um Ihre Einfahrt geht! Die USA blockieren seit Jahrzehnten eine ganze Insel! Fragen Sie mal einen Kubaner.«*
- *»Schwiegermutter tot? Na und! Was ist mit den Foltergefängnissen im Irak?«*
- *»Und wenn schon. Dann hab ich eben ein Stück Kuchen weggegessen. Den Indianern haben die Amis das ganze Land weggenommen! Aber darüber empört sich keiner.«*

10. ***Erfinden Sie weitere komplett verrückte Alternativszenarien.***

Toben Sie sich aus! Seien Sie kreativ! Sie haben nichts zu verlieren.

Beispiele:

- *»Aliens haben das Fahrzeug per Traktorstrahl angehoben und vor die Einfahrt gestellt.«*
- *»Meine Schwiegermutter ist ganz offenbar einer seltenen Krankheit erlegen, deren Symptome aussehen wie Messerstiche.«*
- *»Der Kuchen wurde vom neuseeländischen Geheimdienst entwendet und mir dann im Schlaf direkt in den Magen einoperiert.«*

Haben Sie alle zehn Strategien angewendet? Dann dürften Sie genügend Zweifel und Verwirrung gesät haben, um mit Ihrem Verbrechen durchzukommen. Gratulation! Sie haben die »Russische Verteidigung« gemeistert.

Will nicht länger darauf herumreiten: Hexe hatte brüchigen Besen mehrfach reklamiert

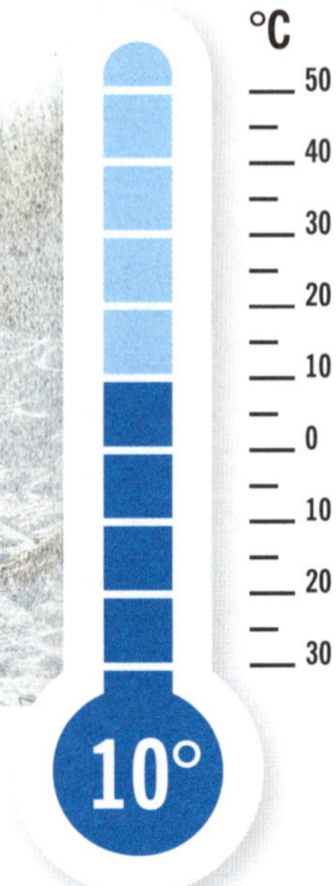

Gefrierpunkt wird auf +10 °C erhöht, damit es im Winter wieder Schnee gibt

Berlin (dpo) – Gute Nachrichten für Kinder, Wintersportler und Freunde einer gepflegten Schneeballschlacht! Um dem zunehmenden Trend schneearmer Winter entgegenzuwirken, hat die Physikalisch-Technische Bundesanstalt heute angekündigt, dass der Gefrierpunkt von Wasser in der Nacht von Sonntag auf Montag offiziell auf 10 Grad Celsius erhöht wird. Mindestens bis April wird daher mit viel Schnee gerechnet.

»In Zeiten des Klimawandels war der alte Gefrierpunkt von 0 Grad schlicht nicht mehr haltbar«, begründet Meteorologe Hajo Körnel die Maßnahme. »Derart niedrige Temperaturen werden in Deutschland kaum noch erreicht. Manch einer hat in diesem Jahr noch keine einzige Schneeflocke gesehen.«

Das wird sich durch die Erhöhung des Gefrierpunktes drastisch ändern: Ab Montag kann es im gesamten Bundesgebiet bei Temperaturen zwischen 4 und 9 Grad schneien. Ab Mittwoch dürfte zudem das Eis auf den ersten Weihern und Seen die nötige Stärke zum Eislaufen erreicht haben.

Frauke Retzlaff (41) aus Köln ist begeistert: »Meine Kinder liegen mir schon den ganzen Winter in den Ohren, wann es endlich schneit und wann sie einen Schneemann bauen können. Insofern find ich das klasse! Der Schlitten steht schon bereit und mein Mann und ich haben auch schon gerade die Langlaufski vom Dachboden geholt.«

Die Gefrierpunkterhöhung wird sich auch auf andere Lebensbereiche auswirken: So rät das Verbraucherschutzministerium allen Bürgern, die Kühlschranktemperatur rechtzeitig von den üblichen 7 auf mindestens 10,5 Grad hochzuregeln, damit gekühlte Getränke und Joghurts nicht einfrieren. Zudem sollten sich Bundesbürger darauf einstellen, dass das Zubereiten von Speisen künftig etwas länger dauern wird. Da der Siedepunkt aus physikalischen Gründen an den Gefrierpunkt gekoppelt ist, wird er sich auf 110 Grad Celsius erhöhen.

Es ist das erste Mal seit dem 19. Jahrhundert, dass der Gefrierpunkt hierzulande erhöht wird. Damals wurde er auf Beschluss von Kaiser Wilhelm I. von -1,5 Grad auf 0 Grad angehoben, um einen einheitlichen europäischen Gefrierstandard zu gewährleisten. Diesen will Deutschland nun verlassen. Es ist aber nicht ausgeschlossen, dass weitere Länder folgen und den Gefrierpunkt ebenfalls anheben.

»Denguefieber«: Arzt mit unsicherer Diagnose

Weil es sonst keiner tat: Busfahrer bietet alter Frau seinen Sitzplatz an

Köln (dpo) – Eine eigentlich ganz selbstverständliche Geste rührt derzeit Deutschland: In Köln hat ein Busfahrer einer alten Frau seinen Sitzplatz angeboten, nachdem sich keiner der Fahrgäste erheben wollte. Jetzt wird der Mann, der bei einem anschließenden Unfall zwei Zähne verlor, im Internet gefeiert.

»Das war aber nett von dem jungen Mann, auch wenn ich meinen Führerschein schon vor zehn Jahren abgegeben habe, weil ich so schrecklich kurzsichtig bin«, schwärmt die 92-jährige Irmtraud Karch über den Busfahrer Joachim Meitner. »Als er gesehen hat, dass alle anderen Leute mich nur ignoriert haben, ist er direkt aufgesprungen und hat mir den bequemsten Sitz im ganzen Bus angeboten. Ganz vorne!«

Meitner selbst nahm einen Stehplatz ein, nachdem sich die alte Dame gesetzt hatte.

Wie Zeugen berichten, habe die 92-Jährige zunächst Schwierigkeiten gehabt, den Bus in Bewegung zu setzen. Doch der freundliche Busfahrer habe sie ermutigt, bis es ihr gelang, ruckelig anzufahren.

Anfangs habe sie noch das eine oder andere Verkehrsschild umgefahren und einige Radfahrer von der Fahrbahn gedrängt, doch nach einer Weile hatte sie den Linienbus einigermaßen im Griff – bis das Fahrzeug schließlich nach einem Frontalzusammenprall mit einer Hauswand nahe ihrer Zielhaltestelle zum Stehen kam.

Für Busfahrer Joachim Meitner war seine Hilfsbereitschaft ganz selbstverständlich. »Man verliert ja nichts, wenn man einfach mal ein wenig nett zu seinen Mitmenschen ist«, erklärt er. »Also bis auf die beiden Schneidezähne jetzt. Und meinen Job. Den bin ich natürlich auch los.«

Krasseste Prüfung aller Zeiten:

Dschungelcamp-Kandidaten müssen Pizza Hawaii essen

Krüger-Nationalpark (dpo) – Geht RTL jetzt endgültig zu weit? In der neuesten Folge der Realityshow »Ich bin ein Star – holt mich hier raus!« mussten zwei Kandidaten des Dschungelcamps gemeinsam eine ganze Pizza Hawaii essen, um Sterne zu ergattern.

»Ich hatte ja mit Antilopenhoden oder meinetwegen Krokodilblut gerechnet, aber bei diesem ekelhaften Ding hab ich schon beim Anblick gewürgt«, berichtete Kandidat Filip Pavlovic, der gemeinsam mit Peter Althof antreten musste und an dessen Würgereiz die Prüfung schließlich auch scheiterte. »Ich dachte nach der ersten Essensprüfung mit Insekten und Innereien, mich könnte nichts mehr umhauen, aber das war einfach zu viel.«

Auch Althof wirkte hinterher sichtlich angeschlagen: »Das war Pizza, aber da war noch was Gelbes drauf. Ananas! Hüärx, hüälp, argh … Wer macht so was? Das ist doch krank!«, röchelte er, während er sich immer wieder hinter einem Strauch übergab.

Dennoch war es ihm im Gegensatz zu seinem Mitspieler gelungen, wenigstens einen Bissen zu kauen und hinunterzuschlucken. »Sterne bekommen wir dafür leider keine«, so der 66-Jährige geknickt. »Aber das war auch echt grenzwertig. Ich denke, da kann einem niemand einen Vorwurf machen, wenn man so was Ekliges nicht runterbekommt.«

Die Prüfung war so hart, dass selbst das Moderatorenduo aus Sonja Zietlow und Daniel Hartwich in einigen Metern Entfernung sichtlich Mühe hatte, sich nicht zu übergeben.

Ethiker sehen derartige Ekelprüfungen in TV-Shows schon lange kritisch. »Hier werden Menschen durch Gruppenzwang und Spieldynamik dazu gebracht, Dinge zu tun, die sie im normalen Leben sofort ablehnen würden«, erklärt Sozialethikerin Carina Mendel. »Wer so etwas isst, kann ein lebenslanges Trauma davontragen.«

Musste mehrere Extraschichten einschieben: Konditor repariert missglückte Torte mit großem Aufwand

Bundesregierung genehmigt Lieferung von 5000 weißen Flaggen an Ukraine

Berlin (dpo) – Lange sah sich die Bundesregierung Vorwürfen ausgesetzt, sie lasse die Ukraine im Stich. Doch jetzt hat Bundeskanzler Olaf Scholz (SPD) erstmals seit Wochen eine Großlieferung genehmigt. Insgesamt 5000 weiße Flaggen aus deutschen Armeebeständen sind bereits auf dem Weg und sollen das umkämpfte Land noch vor der großen Offensive im Osten der Ukraine erreichen.

»Das sind zwar nicht direkt schwere Waffen, wie sie von der Ukraine gefordert wurden, aber leicht sind die weißen Flaggen auch nicht gerade«, erklärte Scholz heute bei einer Pressekonferenz. »Immerhin sind die Fahnenstangen aus stabilem Metall.«

Bei der Wahl der Flaggen habe man auch ganz konkret auf die Bedürfnisse des ukrainischen Militärs vor Ort geachtet. Verteidigungsministerin Christine Lambrecht: »Die Flaggen entstammen alten NVA-Beständen und sind Sowjetfabrikate. Sie können also von ukrainischen Soldaten ohne lange Einführung sofort bedient werden.«

Die Bundesregierung zeigte sich optimistisch, durch ihre Lieferung einen wichtigen Beitrag zu einem baldigen Ende des Krieges zu leisten.

STUDIE

63 % des weltweiten Sandvorkommens steckt in Schuhen von Kleinkindern

München (dpo) – Viele Eltern haben es vielleicht schon lange geahnt, nun ist es amtlich: Etwa 63 Prozent des weltweiten Vorkommens an Sand befindet sich in den Schuhen von Kleinkindern. Das ergab eine aktuelle Studie der TU München.

»Bislang gingen wir davon aus, dass sich die größten Lagerstätten der weltweiten Sandvorkommen auf Küstenregionen, Meere und regional unterschiedliche Böden beschränken«, erklärt die Geologin Monika Ditz-Alas. »Doch knapp zwei Drittel der globalen Sandmenge – wir sprechen hier von vielen Billionen Tonnen – wird derzeit von Kindern im Alter zwischen zwei und fünf Jahren herumgetragen.«

Im Rahmen der Studie ermittelten die Wissenschaftler die durchschnittliche Menge Sand, die jedes Kleinkind in seinen Schuhen mit sich führt, und multiplizierten diese unter Berücksichtigung etwaiger Zweitschuhe mit der weltweiten Zahl an Kleinkindern.

Weitere 7 Prozent des gesamten Sandvorkommens befinden sich nach aktuellem Forschungsstand in Hosentaschen, Urlaubskoffern und Salat. Somit entfallen nur 30 Prozent auf klassisch »natürliche« Vorkommen.

Angesichts der immer größeren Nachfrage des weltweiten Baugewerbes nach Sand halten es die Experten für ratsam, künftig auch Kinderschuhe als Abbauorte in Betracht zu ziehen. Entsprechend kleine Schaufeln seien in den meisten Fällen bereits in direkter Nähe vorhanden.

Genial! Autofahrer baut Blitzableiter an sein Auto und kann seitdem so schnell fahren, wie er will

Urmitz (dpo) – Ab heute gilt der neue Bußgeldkatalog, der Rasen noch teurer macht. Kai Helmer aus Urmitz stört das wenig. Denn der 40-jährige Hobbytüftler hat sein Auto kurzerhand mit einem Blitzableiter ausgestattet, der ihn zuverlässig vor Strafen wegen zu schnellen Fahrens schützt.

»Ja, also ich hab mir überlegt, was beim Haus funktioniert, kann auch beim Auto nicht verkehrt sein«, so Helmer. »Ich mein: Am Haus hab ich einen Blitzableiter und das ist noch nie geblitzt worden. Mein Auto hat keinen und da hab ich schon mindestens 20 Knöllchen bekommen.«

Damit der Blitzableiter auch wirklich funktioniert, muss er geerdet sein. »So will es die Physik«, erklärt Helmer. Zu diesem Zweck führt ein Stück Draht vom Blitzableiter bis an den Unterboden des Fahrzeugs, wo er während der Fahrt über den Asphalt schleift.

Langfristig überlegt der Tüftler, auf ein E-Auto umzusteigen. »Dann leite ich die Blitzelektrizität nicht mehr über den Boden ab, sondern direkt in den Fahrzeugakku. Wenn ich ordentlich Stoff geb und oft genug geblitzt werde, komme ich bestimmt ein paar Tausend Kilometer weit, ohne zu laden.«

Speiseöl zu teuer: Immer mehr Menschen kochen mit Benzin

Berlin (dpo) – Die gewaltige Preissteigerung bei Speiseölen auf teils mehr als 5 Euro pro Liter zwingt viele, nach Alternativen zu suchen. Darum kochen und backen inzwischen immer mehr Menschen mit erheblich günstigeren Substanzen wie Benzin oder Diesel, die derzeit nur etwa 2 Euro pro Liter kosten.

»Ich hab mir gerade einen Kanister Benzin an der Tankstelle geholt«, erzählt Sandra Bernhagen, während sie einen Schuss Sprit in die Pfanne gibt. »Supergünstig, das Zeug! 10 Liter nur 20 Euro! Da brat ich mir jetzt ein feines Spiegelei mit.«

Daran, dass sich Benzin und Diesel zum Braten eignen, hat sie keinen Zweifel. »Vor ein paar Monaten, als Benzin noch so teuer war und Speiseöl noch viel günstiger, haben ja manche Leute auch ihr Auto mit Salatöl betankt. Also muss das andersrum auch funktionieren.«

Inzwischen ist das Thema auch in zahlreichen Foren angekommen, wo Back- und Kochtipps ausgetauscht werden. Demnach eignet sich Diesel aufgrund seiner höheren Dichte und des leicht nussigen Geschmacks am besten zum Backen. Für Salate empfiehlt sich die Verwendung von Superbenzin, zum Braten reicht Normalbenzin. Gourmets hingegen schwören auf Premium-Spritsorten wie »Ultimate« oder »V-Power«.

Bus der Impfung: Mobiles Team des DRK frischt Immunisierung auf

Damit Sportler sie bedenkenlos nehmen: Impfung soll in »Doping« umbenannt werden

Genf (dpo) – Steigt so die Impfbereitschaft im Profisport? Mehrere internationale Sportverbände haben sich heute dafür ausgesprochen, Impfungen offiziell in »Doping« umzubenennen. Damit soll sichergestellt werden, dass Sportler keinerlei gesundheitliche Bedenken gegenüber den Spritzen mehr an den Tag legen.

In dem unter anderem von der FIFA, der UEFA, dem Internationalen Olympischen Komitee IOC, dem Tennisweltverband ITF sowie 43 weiteren Verbänden unterzeichneten Dokument wird eingeräumt, dass nach wie vor viele Profisportler große Skepsis gegenüber Coronaimpfungen haben. Doping mit teils illegalen Substanzen hingegen gelte unter Berufssportlern als allgemein anerkannt und gefahrlos.

»Von diesem Effekt wollen wir profitieren«, heißt es in dem Schreiben. »Deshalb rufen wir nun mit einer gemeinsamen Stimme alle Athletinnen und Athleten auf: Lassen Sie sich heute noch gegen Corona dopen und verschaffen Sie so Ihrem Immunsystem einen unfairen Vorteil im Wettkampf mit dem Virus! Unglaubliche Performancesteigerungen sind mit nur wenigen Spritzen möglich! Garantiert nicht im Urin nachweisbar!«

Um die Impfkampagne zu unterstützen, sollen Impfungen für Sportler zudem nicht mehr von anerkannten Impfärzten, sondern von dubiosen Sportmedizinern in Privatwohnungen oder auf Autorücksitzen angeboten werden.

Experten rechnen damit, dass die Impfquote unter Spitzensportlern innerhalb der nächsten Monate klammheimlich auf mindestens 99,9 Prozent steigen dürfte.

Rechtsseitig: Schriftsetzer schafft es gerade noch, Text bündig auszurichten

Räumung des Hambacher Forsts rechtswidrig:

Polizei muss Aktivisten wieder auf die Bäume bringen

Kerpen (dpo) – Jetzt ist es offiziell: Die Räumung des Hambacher Forst unter NRW-Ministerpräsident Armin Laschet war rechtswidrig. Das entschied das Verwaltungsgericht Köln. Mit sofortiger Wirkung muss nun die Polizei alle Aktivisten, die im Herbst 2018 gegen die Abholzung des Waldes protestierten, wieder auf die Bäume bringen.

»Die Landesregierung von Nordrhein-Westfalen hat angebliche Brandschutzmaßnahmen nur als Vorwand genutzt. Die Räumung war klar rechtswidrig«, heißt es in dem Urteil des Gerichts. »Der Originalzustand vor der widerrechtlichen Räumung ist daher unverzüglich wiederherzustellen.«

Seit dem Urteil sind Polizeikräfte bemüht, die damaligen Baumhäuser und Seilkonstruktionen wiederaufzubauen. »Bisschen frustrierend ist das schon«, räumt ein Polizist ein, während er auf eine gerade eben fertiggestellte Hütte groß die Buchstaben »ACAB« pinselt. »Aber Gesetz ist nun mal Gesetz.«

Gleichzeitig werden Aktivisten von 2018 von der Polizei zu Hause aufgespürt und in den Hambacher Forst gebracht. Dort sollen sie von speziell für solche Situationen ausgebildeten Spezialkräften wieder auf die Bäume geschafft werden.

Nicht alle der damaligen Aktivisten sind begeistert. »Hey, was soll denn das jetzt!«, schimpft Tina Buchweck (24), während sie von vier Polizisten unsanft zu einem großen Baum getragen wird. »Seit dem beschlossenen Rodungsstopp ist der Wald doch eh sicher! Und außerdem bin ich gar keine Aktivistin mehr!«

Die Polizisten ignorieren ihre Proteste und befestigen sie an einem Klettergeschirr. Dann wird sie langsam in ein Baumhaus gezogen.

Bald ist im Hambacher Forst wieder alles wie im Herbst 2018. Nur ein größeres Hindernis bleibt: Einer der Aktivisten stürzte während der rechtswidrigen Räumung aus 15 Metern in den Tod. Derzeit wird noch geprüft, ob sich auch hier der Originalzustand wiederherstellen lässt.

Ich aß Falttiere: Straßenbauer erzählt während der Arbeit, wie er einst Origami-Objekte verspeiste

Nur 22 Zentimeter! Hat dieser Mann den kleinsten Penis der Welt?

Braunschweig (dpo) – Das ist bitter: Tom Blechner aus Braunschweig ist mit einem besonders harten Schicksal gestraft. Sein bestes Stück ist im erigierten Zustand gerade einmal 22 Zentimeter lang. Damit dürfte der 26-jährige Einzelhandelskaufmann den vermutlich kleinsten Penis der Welt haben.

»Wenn man einen so kleinen Penis hat, schränkt einen das im Alltag natürlich schon ein«, erzählt Blechner, dem das Thema sichtlich unangenehm ist. »Nach dem Sport zum Beispiel gehe ich nie mit zum Duschen.« Zu groß ist die Angst, dass er von anderen Männern wegen seines kleinen Geschlechtsteils verspottet wird.

An Sex ist für ihn gar nicht erst zu denken. »Wenn das eine Frau sieht, dann bin ich ja sofort unten durch. Klar, es kommt nicht auf die Länge allein an, aber mit viereinhalb Zentimetern Durchmesser ist er ja auch nicht besonders dick.«

Im Alltag kann Blechner die fehlende Größe seines Geschlechtsteils meist durch weite Kleidung kaschieren. »Aber manchmal überlege ich mir schon, ob ich mir nicht einfach eine Socke in den Schritt stopfen sollte, damit da ein bisschen mehr ist.«

Inzwischen hat er sich nach eigenen Angaben mit seinem Schicksal abgefunden. »Aber wenn ich einen Wunsch frei hätte, dann den, dass jemand mit einem noch kleineren Penis gefunden wird. Dann würde ich mich wieder etwas männlicher fühlen.«

Fasst sich ein Herz: Noch ängstlicher Chirurg greift zum ersten Mal in geöffneten Brustkorb

Ukrainisches Kind in Bunker muss immerzu an arme, von hohen Spritpreisen traumatisierte Deutsche denken

Charkiw (dpo) – Schlimm, dass es Menschen gibt, die so leiden müssen: Ein kleines ukrainisches Mädchen muss aktuell in einem Luftschutzbunker in Charkiw immer wieder voller Sorge an die armen Deutschen denken, die von hohen Spritpreisen traumatisiert werden.

»Mein Papa hat mir auf seinem Handy die schlimmen Bilder aus Deutschland gezeigt. Tankstellen-Preisschilder, wo 2,14 Euro für Super draufsteht«, erzählt Natalia (8). »Seitdem kann ich nachts nicht mehr schlafen.«

Dass Menschen irgendwo auf der Welt so sehr unter Putin zu leiden haben, trifft das Mädchen hart. »Wie verzweifelt die Deutschen sein müssen, wenn sie an der Zapfsäule stehen und ihre Autos volltanken! Dabei haben sie doch niemandem etwas getan.«

Um das Leid der Menschen in Deutschland zu lindern, will Natalia nun auch aktiv etwas tun. »Sobald wir hier wieder rauskommen, schlachte ich mein Sparschwein. Da sind noch 12 Hrywni und 60 Kopijki drin. Das spende ich dann an ›Tankwarte ohne Grenzen‹ oder eine andere Hilfsorganisation.«

Um Sprit zu sparen: Formel 1 führt Tempolimit ein

Paris (dpo) – Auch am Rennsport gehen der Krieg in der Ukraine und die Spritpreiskrise nicht spurlos vorbei. Der Automobildachverband FIA hat heute angekündigt, dass ab sofort bei allen noch anstehenden Rennen der aktuellen Formel-1-Saison ein Tempolimit in Höhe von 130 Kilometern pro Stunde gelten soll. Damit soll der Benzinverbrauch sowie die Abhängigkeit von russischem Öl drastisch reduziert werden.

»Die Zeiten sind hart. Der Ölpreis steigt. Außerdem haben wir auch eine gesellschaftliche und umweltpolitische Verantwortung«, rechtfertigt Formel-1-Boss Stefano Domenicali den Schritt. »Deshalb gilt bereits ab sofort und bis auf Weiteres auf all unseren Strecken Tempo 130.«

Entsprechende Verkehrsschilder wurden bereits an der Rennstrecke des Großen Preises der Emilia-Romagna, der am Sonntag stattfindet, aufgestellt. Um das Tempolimit durchzusetzen, sollen insbesondere auf längeren Geraden Blitzgeräte angebracht werden, die etwaige Geschwindigkeitsüberschreitungen sofort an die Rennleitung durchgeben.

Wer bis 20 km/h zu schnell fährt, bekommt 60 Sekunden Abzug; bei 21 bis 40 km/h Geschwindigkeitsüberschreitung sind 200 Sekunden sowie ein Punkt in Flensburg fällig. Wer wiederholt gegen das Tempolimit verstößt oder mit 41 km/h zu viel geblitzt wird, riskiert die komplette Disqualifikation und drei Monate Fahrverbot.

Von den Formel-1-Piloten wurde die Entscheidung unterschiedlich aufgenommen. Während etwa Sebastian Vettel, der schon lange für ein Tempolimit plädiert, den Schritt begrüßt, fühlen sich andere in ihrer persönlichen Freiheit beschränkt.

»Mir doch egal, wenn es dann angeblich weniger Unfälle und Staus gibt«, ärgert sich hingegen der amtierende Weltmeister Max Verstappen. »Gerade nachts oder wenn wenig Verkehr herrscht, muss es erlaubt sein, das Gaspedal auch mal voll durchzudrücken. Ich fordere: Freie Fahrt für freie Formel-1-Piloten!«

Experten schätzen, dass die Formel 1 durch das Tempolimit ihren Benzinverbrauch um bis zu 60 Prozent reduzieren kann. Noch effizienter wäre nur der Einsatz von Elektrofahrzeugen oder wenn man den ganzen Blödsinn einfach komplett lassen würde.

Brieft Taube: Züchter erläutert Vogel Flugroute

8 Fehler, die fast jeder

Frühlingswetter ist Grillwetter: Mit den steigenden Temperaturen steigt auch die Lust der Deutschen auf knackige Würstchen, saftige Steaks und leckeres Gemüse vom heimischen Grill. Aber Vorsicht: Wer sich nicht richtig auskennt, kann dabei so einiges falsch machen. Hier sind acht völlig vermeidbare Fehler, die fast jeder beim Grillen macht:

1. Den Kiefer nicht lockern

Anfängerfehler Nr. 1! Wer seinen Kiefer nicht vorher gelockert hat, riskiert Krämpfe oder gerissene Backensehnen. Vor jeder Grillparty also mindestens 20-mal den Kiefer im Uhrzeigersinn kreisen lassen. Danach: Richtungswechsel!

2. Unter Wasser grillen

Klar: Grillpartys finden meist im Sommer statt. Und bei hohen Temperaturen ist es natürlich auf den ersten Blick sehr verlockend, unter Wasser zu grillen. Was viele aber nicht bedenken, wenn sie ihren Grill im kühlen Nass aufstellen: Es ist erheblich schwieriger, unter Wasser eine ordentliche Glut hinzubekommen. Zudem ist es äußerst mühsam, nach jedem Wenden des Fleischs aufzutauchen und erst mal nach Luft zu schnappen.

3. Das Feuer nicht abschmecken

beim Grillen macht

Viel zu oft grillen Menschen mit dem falschen oder viel zu fadem Feuer, weil sie es zuvor nicht abgeschmeckt haben. Profis empfehlen: Bevor das Grillgut auf die Glut kommt, mehrmals eine Zungenspitze Feuer aus der Mitte des Grills kosten. Erst wenn sich eine wohlige Schärfe und leichtes Blubbern auf der Zunge bemerkbar machen, ist die Flamme perfekt.

5. Stroh-Rum 80 zum Ablöschen verwenden

Bier zum Ablöschen: Ja

Stroh-Rum 80 zum Ablöschen: Nein

4. Nüchtern grillen

Experten wissen: Grillen ist eigentlich sinnlos und macht überhaupt keinen Spaß. Um das zu kompensieren, sollten Sie unbedingt immer mindestens 2 Promille Alkohol im Blut haben. Dasselbe gilt übrigens für das Verfassen von Postillon-Ratgebern.

6. Dem Grillenden Gesellschaft leisten

Haben Sie niemals Mitleid mit der Person, die seit etwa 40 Minuten alleine am Grill steht. Wer diesen Fehler trotzdem begeht und hingeht, um dem oder der Grillenden Gesellschaft zu leisten, riskiert, die Grillzange in die Hand gedrückt zu bekommen und »eine Weile übernehmen« zu müssen (meist etwa auch 40 Minuten).

7. Sich selbst grillen

Egal, wie schmackhaft Sie aussehen. Grillen Sie sich niemals selbst. Die Schmerzen und Verluste ganzer Gliedmaßen sind es meist* nicht wert.

8. Überhaupt zu grillen, anstatt einfach ein leckeres Gulasch zu kochen

Hierbei handelt es sich um den wohl häufigsten Anfängerfehler. Wer beschließt, zu grillen, anstatt einfach ein leckeres Gulasch zu kochen, hat schon alles falsch gemacht. Experten raten daher: Nicht grillen, sondern einfach ein leckeres Gulasch kochen. Mjam!

* außer Sie sind wirklich übelst lecker

Verhandlungserfolg für Schröder! Putin stimmt Gehaltserhöhung um 2 % zu

Moskau (dpo) – Die ganze Welt blickte heute Nachmittag gebannt nach Moskau, wo Gerhard Schröder mit dem russischen Präsidenten verhandeln wollte. Und tatsächlich: Soeben konnte der Altbundeskanzler einen Durchbruch vermelden. Ihm ist es gelungen, Wladimir Putin zu überreden, ihm das Gehalt um satte 2 Prozent zu erhöhen!

»Verhandlungserfolg auf der ganzen Linie!«, jubelt Schröder anschließend vor der Presse. »Ich bekomme künftig statt 600 000 Euro im Jahr für meinen Rosneft-Aufsichtsratsposten 612 000 Euro im Jahr. Das kann sich doch sehen lassen! Und da kommt ja mein Aufsichtsratsposten bei Gazprom demnächst noch obendrauf. Danke, dass so viele mit mir mitgefiebert haben.«

Die Gehaltserhöhung sei Putin ihm letztlich schuldig gewesen, findet der Altkanzler. »Immerhin habe ich seinetwegen schlimme Anfeindungen ertragen müssen.«

Genau diese Anfeindungen scheinen ein Schlüssel für Schröders erfolgreiche Verhandlungen gewesen zu sein. »Ich konnte ihm klarmachen, dass ich trotz widrigster Bedingungen loyal war und dass das absolut eine Gehaltserhöhung rechtfertigt. Das musste er schließlich auch einsehen. Ich habe doch immer gesagt, dass Gespräche der Schlüssel zum Erfolg sind!«

Stolz zeigt Schröder seinen neuen Arbeitsvertrag, stutzt dann aber plötzlich. »Moment, was steht denn da? Das sind ja gar keine Euro. Das sind ja Rubel!« Er sackt auf die Knie und reckt die Fäuste gen Himmel: »Neeeeeeeeeeeeeeeeiiiiiiiiiin!«

Schien tonig: Gast lässt bräunlichen Cocktail zurückgehen

Schauen ohnehin alle aufs Smartphone:

Deutsche Bahn verzichtet künftig auf Fenster

Frankfurt (dpo) – Jetzt ist auch die Bahn endlich im 21. Jahrhundert angekommen: Weil inzwischen ohnehin alle Fahrgäste während der Reise auf ihr Smartphone oder ihren Laptop schauen, will die Deutsche Bahn bei allen künftigen Zugmodellen auf Fenster verzichten.

»Aktuelle Verkehrsstudien haben ergeben, dass im Schnitt nur einer von 300 Fahrgästen während einer Zugfahrt tatsächlich noch aus dem Fenster schaut«, erklärt eine Sprecherin der Bahn. »Der Rest ist damit beschäftigt, angestrengt aufs Smartphone zu starren.«

Da Fenster einen nicht zu vernachlässigenden Kostenfaktor beim Bau von Zügen darstellen, will die Bahn ihre gesamte Flotte in den kommenden Jahren sukzessive auf fensterlose Züge umrüsten. Einzig die Windschutzscheibe im Triebwagen, durch die der Lokführer gelegentlich nach draußen schaut, soll erhalten bleiben.

Im Dunkeln müssen Fahrgäste dennoch nicht sitzen. »Wir rüsten komplett auf künstliches Licht um, das die Waggons zusätzlich zum Displaylicht der Smartphones ausreichend beleuchtet«, so die Sprecherin.

Sollte es wider Erwarten doch Fahrgäste geben, die nach draußen schauen wollen, besteht jederzeit die Möglichkeit, sich mit seinem Ausgabegerät in das Netzwerk des Zuges einzuloggen und die Landschaft durch die Onboard-Außenkamera zu genießen.

Der durch das Weglassen der Fenster eingesparte Betrag soll in Bonuszahlungen für Bahnvorstände fließen.

»Versuch's, Kaninchen!«: Tierexperimentegegner animiert Häschen zur Flucht

Kein gutes Zeichen:

Immer mehr Tankstellen installieren zusätzliche Ziffer an ihrer Preistafel

Berlin (dpo) – Das kann nichts Gutes bedeuten: Immer mehr Tankstellen erweitern derzeit ihre Preisanzeigetafeln um eine weitere Ziffer. Das besorgniserregende Phänomen lässt sich derzeit in ganz Deutschland beobachten.

»Das ist eine reine Routinemaßnahme, die absolut nichts mit der derzeitigen Ölpreisentwicklung zu tun hat«, erklärt Tankstelleneignerin Bettina Gottschalk, während sie den Umbau ihrer Preistafeln beaufsichtigt. »Wir finden einfach, dass das viel hübscher aussieht so, und verbitten uns jegliche Spekulationen. Das entbehrt jeder Grundlage!«

Verbraucherschützer zeigen sich dennoch besorgt. Immerhin wären mit solch einer erweiterten Anzeigetafel Kraftstoffpreise von bis zu 99,999 Euro pro Liter möglich.

Bettina Gottschalk jedenfalls ist zufrieden: »Mal ganz unabhängig davon, ob die zusätzliche Ziffer jemals gebraucht wird, für mich hat sie sich jetzt schon gelohnt. Schauen Sie mal, wie die Autos bei mir Schlange stehen. Seit die die neue Ziffer gesehen haben, wollen die alle noch mal schnell volltanken.«

Du pisst mir ja ein R: Mädchen fühlt sich durch in Schnee urinierten Buchstaben geschmeichelt

»Es ist eh alles zu spät« – Weltklimarat empfiehlt Menschheit, einfach fette Abschiedsparty zu feiern

Genf (dpo) – Das Ding ist durch! Der Weltklimarat hat der Menschheit heute in einem neuen Bericht empfohlen, keine weiteren Klimaschutzmaßnahmen mehr anzustreben, sondern einfach eine möglichst legendäre Abschiedsparty zu feiern – schließlich sei es völlig unrealistisch, dass es der Politik noch rechtzeitig gelingen sollte, sich auf wirksame Schritte gegen die Erderwärmung zu einigen.

»Im Hinblick auf die neuesten Daten sind wir nach sorgfältiger Abwägung der Zahlen zu dem Schluss gelangt, dass so ziemlich alles komplett im Arsch ist, haha!«, so ein sichtlich beschwipster Sprecher des Gremiums, während er immer wieder aus einem Flachmann trank. »Deshalb ist es jetzt wohl am besten, einfach noch mal eine richtig abartige Party zu schmeißen und unsere letzten Ressourcen konsequent zu verbraten.«

Wer jetzt noch hoffe, dass sich die Menschheit zu irgendwelchen Einschränkungen gegen die globale Erwärmung durchringen könnte, sei völlig naiv. »Wir haben jahrzehntelang gewarnt und passiert ist praktisch nichts«, erklärte eine Forscherin vorwurfsvoll, bevor sie sekundenlang an einem Joint zog. »Aber wenn wir jetzt als Planet zusammenkommen, können wir es noch einmal fett krachen lassen, bevor unsere Spezies sich selbst auslöscht. Ich denke an Alkohol, Sex, Drogen, richtig kranke Musik und Stroboskoplicht. Lasst uns noch mal alles rausfeuern, was wir haben. YOLO!«

Sekunden später endete die Pressekonferenz abrupt, als einer der Wissenschaftler eine Boombox mit lauter Deathcore-Musik anschaltete und begann, Tische umzuwerfen, während seine Kollegen eine Champagnerflasche köpften und die anwesenden Journalisten mit lautem Geheul in die Flucht schlugen.

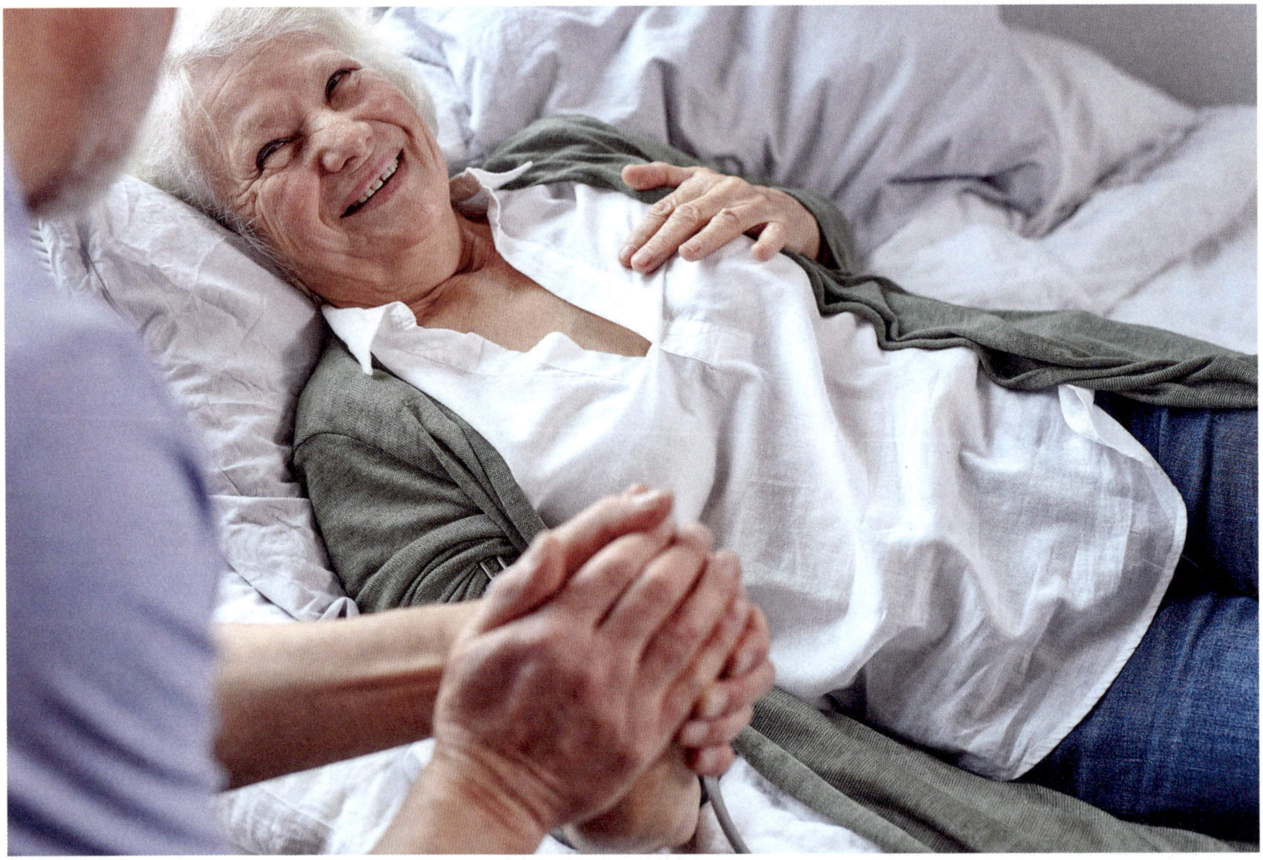

22 tolle letzte Sätze, die Sie sich fürs Sterbebett merken sollten

Wir wollen Ihnen ja nichts vorschreiben, aber eines müssen Sie auf jeden Fall: sterben. Damit das auch in der gebührenden Eleganz geschieht, die eines Menschen wie Ihrer würdig ist, haben wir 22 starke letzte Sätze gesammelt, mit denen Sie noch einmal gehörig Eindruck machen können, bevor Sie aus dem Leben scheiden:

1. »Ich habe einen Koffer voll Geld vergraben. Die Koordinaten lauten … *hust* die Koordinaten lauten *hust* *hust*« *piiiiiiiiiiiiiiiiiiiiiiiep*

2. »Wenn ihr mich liebt, löscht meinen Browserverlauf!«

3. »Ich kann den Himmel sehen! O nein, das ist ja schrecklich hier! AAARGH! Es war alles eine Lüge! Gott ist in Wahrheit der Böse! Fallt vom Glauben ab!«

4. »Ich sehe mein ganzes Leben als Film vor mir vorbeiziehen … O NEIN, von Roland Emmerich!!!«

5. »Ich lasse euch mit diesem Rat zurück: Liebt einander. Nein, echt

jetzt: Sofort! Ich will noch was Geiles sehen, bevor ich sterbe.«

6. »Dieses Leben wurde gesponsert von Canesten – die Creme gegen Haut- und Fußpilz.«

7. »Wenn ich eines in meinem Leben bereue: Ich habe zu wenig köstliches Gulasch gegessen.«

8. »Verdammt, jetzt kann ich euch gar nicht mehr von den ganzen Morden erzählen, die ich begangen habe.«

9. »........................... BUH!!! Haha, hab ich euch erschreckt? Oje, jetzt ist es wirklich sowkrx .... BUH!!! Haha, schon wieder, ihr Pfeifen! O nein, ich sterkrx ....
BUH!!! Mensch, ihr solltet mal eure Gesichter sehen immer ... HALT! Wo wollt ihr denn hin?«

10. »Strg+Z! Strg+Z!«

11. ♫ »Taaaaaaaaaaaaaaaaaim tooooooooooooooooo saaaaaaaaaaaaaaaaaaay goooooooooodbye!« ♫

12. »Was steht ihr hier so dumm rum? Fangt schon mal mit dem Buddeln an!«

13. »Jetzt kann ich es euch sagen: Ich habe die ganze Zeit heimlich FDP gewählt.«

14. »Ich spüre, wie meine Seele meinen Körper verlässt! Hä? Warum denn auf diesem Weg? Oh. Nee, sorry, ich hab mich grad nur eingekackt. Hoffe, das macht jemand weg, wenn ich tot bin.«

15. »Nur weil ich alt und unheilbar krank bin, soll ich jetzt sterben? CANCEL CULTURE!«

16. »Oh, hätte ich doch nur all die Jahre mehr Zeit mit meinen Steuererklärungen verbracht!«

17. »Macht jemand Fotos für Instagram?«

18. »O Gott! Es war die ganze Zeit das Geschirrtuch! So viele Birnen! Es regnet der Beamte eiserne Fahrräder auf mein Haupt! Grütze!«

19. »Ich bin nicht der schlauste Mensch, der je gelebt hat. Wenn ich lüge, soll Gott mich sofort töten!«

20. »Insgesamt fand ich das Leben eher medium, streckenweise etwas zu stressig, mit zu viel Brot und Zähneputzen und zu wenig flauschigen Tieren. Vier von zehn Punkten.«

21. »Wisst ihr, eigentlich seid ihr gar nicht meine Kinder, ich habe euch damals einfach vom Spielplatz aufgegabelt.«

22. »Über Tote macht man keine Witze!!! Ein Leser weniger *hust* *hust*« *piiiiiiiiiiiiiiiiiiiiiiiep*

An Tenne bei Jan: Radiosender baut Funkmast neben Ullrichs Scheune

Russische Truppen treffen versehentlich militärisches Ziel

Charkiw (dpo) – Das dürfte Putin überhaupt nicht gefallen haben: Offenbar haben russische Streitkräfte in der Nähe der ukrainischen Stadt Charkiw versehentlich ein Gebäude beschossen, bei dem es sich um ein rein militärisches Ziel handelte. Dabei wurden keine Zivilisten verletzt oder getötet.

Ein Kremlsprecher gab sich heute zerknirscht: »Als wir das Gebäude unter Beschuss nahmen, wussten wir nicht, dass sich darin ein Munitionslager der ukrainischen Armee befindet«, beteuerte er.

Stattdessen sei man davon ausgegangen, dass es sich bei dem Gebäude,

von dem nahezu nichts mehr übrig ist, um eine Schule, einen Kindergarten, einen Spielplatz, ein Geburtskrankenhaus oder einen Wohnblock handelte.

In der russischen Führung wurde der Vorfall kritisch aufgenommen. »Wir werden herausfinden, wer diesen sinnlosen Angriff befohlen hat, und die Person zur Rechenschaft ziehen«, so der Kremlsprecher. »Dieser Vorfall zeichnet ein völlig falsches Bild unserer Spezialoperation.«

Als Wiedergutmachung kündigte die russische Militärführung den Einsatz von weiteren Hyperschallraketen und Streumunition gegen zivile Strukturen an. Außerdem wolle man noch häufiger Flüchtlingskonvois beschießen und Kinder entführen.

Was für Psychos! Paar kocht Hühnerembryohüllen, bemalt sie und behauptet dann gegenüber Kindern, sie stammten von einem Hasen

Kaiserslautern (dpo) – Diese Geschichte macht betroffen: Ein offenbar schwer gestörtes Ehepaar aus Kaiserslautern hat heute zahlreiche Hühnerembryohüllen gekocht und anschließend mit Pinseln bunt bemalt. Nach eigenen Angaben planen die Gaga-Gatten, die morbide Sammlung anschließend ihren Kindern zu geben und zu behaupten, ein Hase hätte sie gebracht.

Die Details des bizarren Rituals sind verstörend: Sabrina M. kocht Dutzende der Hühnerembryohüllen, wobei sie Wert darauf legt, dass es sich um unbefruchtete Exemplare handelt. Dann bemalt sie die Kalksphären gemeinsam mit Ehemann Dennis in grellen Farben und obskuren Mustern.

Doch es wird immer sonderbarer: Offenbar planen die beiden, die bunten, aus einer Hühnerkloake ausgeschiedenen Ovoide anschließend im Garten zu verstecken, nur um dann ihre Kinder danach suchen zu lassen.

Dabei tischt das exzentrische Paar den Suchenden perfide Lügen auf: Anstatt aus dem Hinterteil von Hühnern würden die bunten Gegenstände in Wirklichkeit von einem Hasen stammen, der sie auch noch persönlich im Garten der Familie versteckt habe. Dass diese Geschichte sämtlichen Grundsätzen der Biologie widerspricht, wird natürlich verschwiegen.

Doch nicht alle Hühnerembryohüllen werden gekocht und im Garten versteckt. Einige haben die offenbar Wahnsinnigen schon vor einer Woche oben und unten angestochen und die eigentlich für das Heranwachsen von Küken gedachte Nährflüssigkeit ausgepustet. Die leeren Hüllen hängen – ebenfalls bemalt – an einem Bäumchen im Garten, als würden sie dort wachsen. Eine weitere Verhöhnung der Natur!

Warum nimmt die Familie all diese Mühen auf sich, um Haus und Garten mit dem verhinderten Nachwuchs gemeiner Hennen in einen Tempel des Wahnsinns zu verwandeln? Besteht ein Zusammenhang mit dem Hasen(!)kadaver, den Sabrina und Dennis M. am Sonntag nach eigenen Angaben gemeinsam mit ihren Kindern verspeisen wollen? Und haben die irren Rituale wirklich etwas mit einem mediterranen Wanderprediger zu tun, der vor 2000 Jahren grausam ums Leben kam, wie das Paar in Gesprächen andeutet? Wir werden es wohl nie erfahren.

Nach der 7. gibt's eine Kaffeemaschine gratis: Bonusheft für Coronaimpfungen kommt

Berlin (dpo) – Bundesgesundheitsminister Karl Lauterbach hat heute in der Bundespressekonferenz die Einführung eines Bonushefts für Coronaimpfungen angekündigt. Die praktische Stempelkarte soll helfen, die Impfquote auch für künftige Auffrischimpfungen stabil zu halten, wie sie derzeit im Gespräch sind. Ab der siebten Dosis gibt es dann attraktive Preise zu gewinnen.

Das neue Treuesystem gilt laut Lauterbach ab sofort für jeden Bundesbürger mit entsprechendem Bonusheft. Bereits erfolgte Impfungen werden dabei für künftige Prämien angerechnet. Direkt nach der ersten Spritze winkt zudem standardmäßig eine Gratisbratwurst, wie sie in einigen Regionen schon angeboten wird.

»Nach der siebten Impfung wird dann Ihre Treue zusätzlich mit einem Kaffeevollautomaten im Wert von 300 Euro belohnt«, so der Gesundheitsminister. »Für das ganze Aroma der Kaffeebohne. Mmmmh!«

Doch das ist nicht alles: »Bei 14 Impfungen erhalten Sie eine hochwertige Heißluftfritteuse«, erklärte Lauterbach stolz. »Frittieren Sie mit bis zu 80 Prozent weniger Fett! Und wenn Sie uns bis zur 20. Impfung treu bleiben, haben Sie die einmalige Chance, ein Wellness-Wochenende in der Solymar Therme Bad Mergentheim zu gewinnen. Lassen Sie die Seele baumeln und vergessen Sie Ihre Sorgen in der gemütlichsten Sauna des gesamten Main-Tauber-Kreises.«

Das Impfbonusheft zum Stempeln ist ab sofort in allen Impfzentren sowie bei ausgewählten Hausärzten erhältlich.

Ohr gelb, aua!: Hersteller von Kircheninstrumenten zeigt HNO-Arzt schmalzverkrusteten Lauscher

AfD leitet Parteieinschlussverfahren für Boris Palmer ein

Berlin (dpo) – Irgendwann ist es genug! Weil sich der Tübinger Bürgermeister Boris Palmer zum wiederholten Male rassistisch geäußert hat, hat die AfD ein Parteieinschlussverfahren für den Grünen-Politiker eingeleitet. Nun muss ein Schiedsgericht entscheiden, ob Palmers Aussagen ekelhaft genug waren, um ihn in die Partei aufzunehmen.

»Schon seit einigen Jahren tätigt Boris Palmer immer wieder Aussagen, die eindeutig rassistisch und menschenverachtend sind«, so ein AfD-Sprecher. »So einer hat in unserer Partei was zu suchen! Da muss es klare Konsequenzen geben.«

Wie wichtig es der AfD ist, die umstrittene Personalie noch rechtzeitig vor der Bundestagswahl zu klären, zeigt, dass sich selbst Parteichefin Alice Weidel am Wochenende auf Twitter äußerte:

Zuständig für das Parteieinschlussverfahren wird die AfD-Kreisschiedskommission in Tübingen sein. Sollte Palmer seine Aufnahme in die AfD nicht akzeptieren wollen, hätte er noch die Möglichkeit, vor dem Bundesschiedsgericht Ausspruch zu erheben.

Nie Kohl aus: Dithmarscher Bauernkind bekommt auch am 6. Dezember Gemüse statt Süßigkeiten

Angela Merkel im Ruhestand: So sieht ihr typischer Tagesablauf aus

Am 8. Dezember ist Angela Merkel offiziell in den Ruhestand gegangen. Seitdem ist es still geworden um die frühere Bundeskanzlerin, die in ihren 16 Jahren im Amt nur sehr wenig von ihrem Privatleben preisgab. Doch nun, nachdem der Personenschutz Merkels deutlich zurückgefahren wurde, konnte der Postillon der Altbundeskanzlerin erstmals mehrere Tage lang heimlich folgen und einen typischen Tagesablauf rekonstruieren. So sieht ein ganz gewöhnlicher Tag im Leben von Angela Merkel aus:

9.38 Uhr: Gemütliches Erwachen (endlich ohne Wecker, weil Ruhestand!)

9.39 Uhr: Schnelles Nümmerchen mit Joachim Sauer zum Frischwerden

9.49 Uhr: Aufstehen

10.14 Uhr: Frühstück (Pommersche Kartoffelsuppe, selbst gemacht)

Auflösung: Die richtige Antwort lautet »1920x1080 Pixel«

10.45 Uhr: Joggen

10.46 Uhr: Duschen

10.59 Uhr: Diesen einen mauvefarbenen Hosenanzug auf eBay ersteigern, den sie noch nicht hat

11.15 Uhr: Telefonat mit Tochter Silke Merkel

11.29 Uhr: Spaziergang

11.49 Uhr: Enten im Park erklären, warum es haushaltspolitisch nicht machbar ist, ihnen Brot mitzubringen

11.59 Uhr: Unter Nutzername »Angelo Mörtel« Gemeinheiten gegen Olaf Scholz auf Twitter, Instagram und Facebook posten (»Viel inkompetenter als seine Vorgängerin!«, »Scholz muss weg!«, »Fake-Pandemie!«)

12.30 Uhr: Feierliche Eröffnung des Angela-Merkel-Einkaufszentrums in Berlin-Spandau

13 Uhr: Mittagessen (Königsberger Klopse, selbst gemacht)

14 bis 15 Uhr: Am Skateplatz an neuen Tricks feilen (aktuell Hardflip, Backside Tailslide, Heelflip 720)

14.30 Uhr: Kiffpause mit den Homies

15.02 Uhr: Klingelstreich bei Joachim Gauck

15.23 Uhr: Vor dem Brandenburger Tor als Merkel-Doppelgängerin Kleingeld sammeln

16.12 Uhr: Geheimtreffen im Illuminatenvereinsheim mit Bill Gates, George Soros und Xavier Naidoo (Weltherrschaft, Kochrezeptaustausch etc.)

17.27 Uhr: »Joaaaaachim! Ich bin wieder zu Hause!«

17.30 Uhr: Bewerbungen schreiben (Gazprom, Deutsche Bank, Alibaba)

17.57 Uhr: 25 Familienpizzen auf Horst Seehofers Adresse bestellen

19.31 Uhr: Abendessen (Grünkohleintopf, selbst gemacht)

19.58 Uhr: Netflix (zwei Folgen »Rick and Morty«, Staffel 5)

21 Uhr: Tägliche Onlinerunde Altkanzlerskat (leider nach fünf Minuten abgebrochen, weil neben Gerhard Schröder und ihr schon wieder kein dritter Mitspieler online ist; vielleicht wird's morgen besser)

22.28 Uhr: Schnelles Nümmerchen mit Joachim Sauer zum Runterkommen

22.37 Uhr: Nachtruhe

Garn ich war!: Yoda widerspricht Hypnotiseur, dass er mal als Nähnadel gelebt hat

Wegen steigender Getreidepreise: Hersteller strecken Mehl mit Koks

Berlin (dpo) – Die Getreidepreise steigen aufgrund des Kriegs in der Ukraine steil an. Verbraucherschützer warnen daher, dass immer mehr Hersteller ihr Mehl mit Kokain strecken. Für den Laien sei der Unterschied rein optisch schwer zu erkennen.

»Unseriöse Hersteller mischen jetzt leider immer öfter billiges Kokain in ihr hochwertiges Mehl, um wettbewerbsfähig zu bleiben«, klagt Mehlexperte Dennis Classen. »Dadurch wird die Wirkung des Mehls beim Backen beeinträchtigt. Muffins werden weniger fluffig, Brot zerbröselt beim Schneiden und Pfannkuchen verkleben beim Wenden.«

Außerdem hält man sich nach dem Verzehr derartiger Speisen oft für übermenschlich stark oder gar unbesiegbar, ist rastlos oder hat Mühe einzuschlafen. Am nächsten Tag drohen Kopfschmerzen und Entzugserscheinungen.

Um sicherzugehen, keine gestreckte Ware zu erhalten, sollten Konsumenten ihr Mehl nicht auf der Straße kaufen, sondern auf höherpreisiges Markenmehl oder Biosorten vom Mehldealer ihres Vertrauens zurückgreifen.

Endlich! Kind hat nach Harry-Potter-, Star-Wars-, Spider-Man-, Eiskönigin- und Batman-Set genug Lego-Steine, um ein Haus zu bauen

Würzburg (dpo) – Darauf hat er schon ewig gewartet: Nachdem Elias Meier (6) zusätzlich zu seinen Harry-Potter™-, Star-Wars™-, Spider-Man™- und Eiskönigin™-Lego™-Sets auch noch ein Batman™-Set bekommen hat, besitzt er nun endlich genug Steine, um ein ganz normales kleines Haus zu bauen.

»Hurra!«, freut sich Elias, während er Batman, Robin, Harley Quinn sowie mehrere Batarangs zur Seite schiebt. »Diese zwei Lego-Steine mit dem Batman-Logo drauf, die da dabei waren, haben mir genau noch für mein Haus gefehlt.«

Tatsächlich wünschte sich der 6-Jährige schon lange ein ganz normales Set unterschiedlich großer Lego-Steine, um daraus Häuser zu bauen. Stattdessen erhielt er jedoch von wohlmeinenden Verwandten diverse Action-Themen-Sets im Wert von insgesamt 4278,38 Euro, die hauptsächlich aus Figuren und Spezialteilen bestehen.

»Zum Glück sind da meistens wenigstens ein bis zwei brauchbare Steine dabei, die man auch zum Hausbauen verwenden kann«, so Elias, der jetzt nur noch überlegen muss, wer in das Haus einziehen soll. »Ich denke, Darth Vader wird der Vater, Elsa die Mutter und die Kinder sind Ron Weasley und der Joker.«

Zum hier Äsen: Reh besucht Imbiss

Nach Grünen-Vorstoß: 18 Berufe, die es neben einer Parlamentspoetin noch geben sollte

Geht es nach der Grünen-Politikerin Katrin Göring-Eckardt, dann könnte schon bald eine eigens vom Deutschen Bundestag eingesetzte Parlamentspoetin »mit Poesie einen diskursiven Raum zwischen Parlament und lebendiger Sprache öffnen«. Das wirft mehrere Fragen auf. Zunächst mal: Was reimt sich auf »ganz schlechte Idee«? Und dann: Wieso gibt es eigentlich nicht noch viel mehr eigens vom Parlament bestimmte Sonderstellen, um Politik und Gesellschaft zu belehren, zu erheitern oder anderweitig bei Laune zu halten? Wir präsentieren Ihnen hier die vielversprechendsten Vorschläge:

1. Parlamentsfahrkartenkontrolleurin

»Die Fahrkarten bitte!« – mit diesen Worten dreht die Parlamentsfahrkartenkontrolleurin täglich ihre Runden durch die Ränge. Wer keine vorweisen kann, fliegt raus.

2. Parlamentstrapezkünstler

Der Parlamentstrapezkünstler schwingt sich vor wichtigen Debatten und zu feierlichen Anlässen vor den Augen des staunenden Parlaments durch die Reichstagskuppel. Dabei fliegt er elegant wie der Bundesadler.

3. Parlamentswünschelrutengängerin

Sie geht den Dingen auf den Grund: Die Parlamentswünschelrutengängerin soll laut ihrer Stellenausschreibung vor allem eins tun: Wasser finden. Dumm nur, dass ihr Arbeitsplatz im Reichstag vollständig betoniert und versiegelt ist. Dennoch ist sie ein starkes Symbol für die Suche einer Gesellschaft nach Dingen wie Wasser oder anderen Flüssigkeiten.

4. Parlamentscallboy

Nach langen Sitzungen haben viele Abgeordnete Entspannung nötig – der Parlamentscallboy kümmert sich darum. Dazwischen obliegt ihm zudem die politische und sexuelle Aufklärung der Öffentlichkeit. Unsere Demokratie steht nicht von alleine, sondern wird hart erfickt – auch daran erinnert uns der Parlamentscallboy.

5. Parlamentsexorzistin

Uns fallen direkt mehrere Politiker ein, die sie dringend nötig hätten: die Parlamentsexorzistin, die im Namen des Volkes Geistern und Dämonen Einhalt gebietet und den berüchtigten gesellschaftlichen Zusammenhalt heraufbeschwört.

6. Parlamentsboxer

Demokratie will jeden Tag aufs Neue erkämpft werden. Um die Parlamentarier stets daran zu erinnern, taucht der Parlamentsboxer hin und wieder überraschend auf und gibt ihnen ohne Vorwarnung ein paar auf die Fresse.

7. Parlamentsmaurerin

Aufgabe der Parlamentsmaurerin ist es, regelmäßig zu überprüfen, ob die Wände des Reichstags noch tragen. Außerdem kommt sie zum Einsatz, wenn sich Parlamentarier verschiedener Fraktionen streiten und eine stabile Abgrenzung zwischen ihnen benötigt wird. Sie ist für das Anrühren des Bundesmörtels zuständig.

8. Parlamentsclown

Ein Parlamentsclown wäre für die Belustigung zustä – ah, wir hören gerade, dass dieser Job bereits existiert und derzeit von einem gewissen Andreas Scheuer (CSU) ausgeübt wird.

9. Parlamentssprengmeisterin

So wie die Demokratie ein Gedanke mit Sprengkraft ist, so lässt die Parlamentssprengmeisterin zu festlichen Anlässen alte Fahrzeuge, Industrieschornsteine und Bauruinen in Rauch aufgehen, um uns alle an unsere Bürgerpflichten zu erinnern.

10. Parlamentskammerjäger

Dänemark ist bislang die einzige Nation, die einen Parlamentskammerjäger beschäftigte – allerdings nur bis 1984, als der Mann sämtliche Abgeordneten mit einem Kescher einfing und aus dem Parlament trug. Deutschland könnte zeigen, dass es auch anders geht.

11. Parlamentspsychiaterin

Die Parlamentspsychiaterin fühlt Deutschland auf den Zahn und stellt dem Land täglich Fragen wie »Grübeln Sie häufig?« oder »Haben Sie Sorge, dass Ihre Demokratie kürzer ist

mehr auf Seite 174

als die anderer Länder?«. Zudem macht sie bei Parlamentsdebatten geheimnisvolle Notizen und lästert bei ihren Kollegen über »dieses eine völlig kaputte Land, das ich behandle«.

12. Parlamentsinfluencer

»Boah, parlamentarische Demokratie und gesellschaftliche Teilhabe haben Wunder für meine Poren getan, probiert das unbedingt aus!« – so könnte schon bald ein Parlamentsinfluencer für unsere Werte werben. Es bräuchte nur wenige virale Instagram-Posts oder TikToks, um Deutschland wieder cool zu machen!

13. Parlamentssatirikerin

Wir wissen gerade selbst nicht so genau, warum eine Parlamentssatirikerin auf dieser Liste steht. Denn tatsächlich wäre es eine sehr schlechte Sache, wenn der Bundestag hauseigene Satiriker installieren und dafür alle bisherigen Zahlungen an bekannte Satireredaktionen einstellen würde. Parlamentssatirikerin? Nein danke!

14. Parlamentsposaunist

Er kann allzu hitzige Wortgefechte im Bundestag mit Fanfaren niederschmettern und fiese Stolperer von Abgeordneten mit lustigen Soundeffekten überspielen (Waaah-waaah). Darüber hinaus verdeutlicht uns der Parlamentsposaunist, der stets am Zug seines Instruments hin und her ruckelt, dass Demokratie harte Arbeit ist.

15. Parlamentspilotin

»Sehrgeehrdedamenundherrenhiersprichtihrkapitänwirbeginnengleichmidderdebaddezumneuenfinanzausgleichsshrtabwdrsegdadsabstimmungbiddehaltensiesichbereit« – mit solchen Durchsagen würde eine Parlamentspilotin ein wenig vom Glamour des internationalen Reisens in den Bundestag bringen. Außerdem: Die Uniform ist einfach schneidig!

16. Parlamentsbestattungsfachkraft

Demokratie bedeutet, auch mal zu sterben, wenn das Leben zu Ende ist. Daran könnte uns eine Parlamentsbestattungsfachkraft immer wieder erinnern und im Auftrag des Volkes mit spitzer Schaufel einen diskursiven Raum zwischen dem Sterben und dem Verbuddeltwerden eröffnen. Parlamentsbestattungsfachkraft jetzt!

17. Parlamentspferdewirt

Gesellschaftlicher Konsens ist ein scheues Pferd – das wusste schon Willy Brandt. Daher ist es fast schon verwunderlich, dass Deutschland bislang noch keinen Parlamentspferdewirt beschäftigt, der die duftenden Äpfel demokratischer Streitkultur auf einen Haufen schaufelt, auf dass sie fruchtbarer Boden der Freiheit werden. Es ist höchste Zeit.

18. Parlamentsparlamentarierin

Die vom Parlament eigens engagierte Parlamentsparlamentarierin hat die Aufgabe, Gesetzesvorhaben einzubringen und Gesetze zu verabschieden, um beispielsweise den Klimawandel zu bekämpfen, die Coronapandemie zu beenden und allgemein das Leben der Bevölkerung zu verbessern. Denn die gewählten Abgeordneten sind ja eher damit beschäftigt, sich für so clevere Dinge wie die Installation einer Parlamentspoetin einzusetzen.

Kennt sich mit Almmoosen aus: Früherer Bettler erforscht jetzt alpine Bryophyten

20 Jahre Guantanamo: USA kritisieren Kuba für Duldung von Menschenrechtsverletzungen

Washington, Guantanamo Bay (dpo) – Von einem Schurkenstaat wie Kuba war wohl nichts anderes zu erwarten: Die US-Regierung hat heute scharfe Kritik an der kubanischen Staatsführung geübt, die seit 20 Jahren tatenlos zusieht, wie auf einer Militärbasis an der Küste der Karibikinsel schlimmste Menschenrechtsverletzungen begangen werden.

»Es ist einfach nur abstoßend, dass Kuba jahrzehntelang schlimmste Foltermethoden und Menschenrechtsverletzungen auf seinem Boden duldet«, sagte US-Präsident Joe Biden anlässlich des 20. Jahrestags des Gefangenenlagers. »Dies zeigt wieder einmal, wie verkommen der Kommunismus ist.«

Dass das Lager, in dem noch immer 39 Menschen ohne rechtsstaatliches Verfahren festgehalten werden, trotz zahlreicher Versprechungen, es zu schließen, noch immer in Betrieb sei, bezeichnete Biden als Schande.

»Die jahrzehntelangen Sanktionen der USA gegen das barbarische Regime in Havanna sind daher nicht nur vollkommen gerechtfertigt«, so Biden. »Wir werden sie sogar noch einmal verschärfen.«

Auch Deutschland wurde zuletzt zur Zielscheibe US-amerikanischer Kritik: Obwohl seit Jahrzehnten darüber berichtet werde, würden von dort aus noch immer in völkerrechtswidriger Weise Kampfdrohnen ferngesteuert, mit denen täglich Menschen im Nahen Osten und in Afrika getötet werden.

Genial! Tüftler entwickelt E-Bike mit 26 Dynamos, das sich selbst beim Fahren auflädt

Eschweiler (dpo) – E-Bikes liegen derzeit voll im Trend. Einziges Manko: Sie müssen regelmäßig geladen werden. Doch nicht überall gibt es Ladestationen, und wer zu Hause lädt, merkt schnell: Strom wird immer teurer. Ein Hobbytüftler aus Eschweiler hat jetzt eine einfache Alternative gefunden, die den gesamten Markt revolutionieren dürfte: das erste E-Bike, das sich selbst per Dynamos beim Fahren auflädt.

Auf seine bahnbrechende Idee kam E-Bike-Enthusiast Heiko Teewag bei der Betrachtung seines alten Drahtesels. »Als ich den Dynamo sah, mit dem Strom für das Licht erzeugt wird, hab ich mir gedacht: Mensch, kann man das nicht auf ein E-Bike übertragen?«, so der 57-Jährige. »Mir war klar, dass ein einzelner Dynamo viel zu schwach ist, um genug Strom für ein E-Bike zu erzeugen. Deshalb habe ich an dem ersten Prototyp zunächst 20 Stück befestigt und sie mit dem Akku verbunden.«

Doch bei der Jungfernfahrt des Prototyps dann die große Enttäuschung. »Ich hatte eigentlich genau ausgerechnet, dass 20 Dynamos reichen, um genug Strom zu erzeugen, aber ich konnte mein E-Bike plötzlich nur unter größter Anstrengung vorwärts bewegen«, so Teewag. »Ich wollte schon aufgeben, aber dann fiel mir ein, woran es lag: Jeder einzelne Dynamo bremst das E-Bike ja auch ein bisschen. Das weiß jeder, der schon mal einen Dynamo benutzt hat. Da geht alles schwerer.«

Die Lösung des Problems: Teewag baute noch sechs zusätzliche Dynamos an das Gefährt. »Das hat dann endlich die nötige Zusatzenergie gebracht, um den Bremseffekt auszugleichen.«

Seitdem ist Teewag mit seinem Dynamobil, wie er es nennt, schon etwa 3000 Kilometer gefahren – ohne jede Anstrengung und ohne ein einziges Mal laden zu müssen.

Inzwischen befindet sich Teewag nach eigenen Angaben in Verhandlungen mit dem US-amerikanischen Fahrzeugbauer Tesla, um zu prüfen, ob das Konzept auch auf E-Autos anwendbar ist.

Teewag in seiner Werkstatt

Bundeswehr stellt 100 000 Berater ein, um zu entscheiden, wie Sondervermögen am besten verwen – oh, es ist schon weg!

Berlin (dpo) – Am Sonntag haben sich die Regierungsparteien auf ein Sondervermögen in Höhe von 100 Milliarden Euro für die Bundeswehr geeinigt. Das Verteidigungsministerium hat daraufhin umgehend 100 000 externe Berater angeworben, um die zusätzlichen Gelder möglichst effizient einzuse – huch! Das ganze Geld ist ja schon aufgebraucht!

»Angesichts dieser historischen Summe braucht es Expertise, wie mit dem Geld am besten umgegangen werden soll«, erklärte Verteidigungsministerin Christine Lambrecht (SPD), die damit an eine langjährige Tradition ihres Ressorts anknüpft. »Deshalb haben wir 100 000 Berater von McKinsey, PricewaterhouseCoopers, NepperSchlepperBauernfänger und Ernst & Young engagiert und mit langfristigen Verträgen an uns gebunden. Sie sollen sicherstellen, dass kein Cent verschwe – «

Die Ministerin stockt, während ihr ein Assistent auf die Schulter tippt und ihr wortlos einen Zettel reicht. Dann fährt sie fort: »Und ich sehe gerade, dass das ganze Geld schon ausgegeben wurde. Wahnsinn. Das ging ja schnell. Da sieht man, dass da Profis am Werk sind.«

Tatsächlich scheint sich die Investition ausgezahlt zu haben: Nach aktuellem Stand verfügt Deutschland über das größte stehende Beraterheer der Welt.

Weil Spritpreise zu hoch sind: Mann schiebt sein Auto zur Arbeit

Hannover (dpo) – Geht leider nicht anders: Weil ihm die Benzinpreise aktuell zu hoch sind, schiebt Arne Noltemeyer aus der Nähe von Hannover seit heute sein Auto zu Arbeit.

»2 Euro 12 für einen Liter Super? Das ist doch verrückt«, erklärt der Verwaltungsbeamte genervt, während er seinen alten Hyundai Accent mühsam über die Bundesstraße schiebt. »Wegen diesem Wucher muss ich jetzt anderthalb Stunden früher aufstehen. Bis ins Büro sind es ja immerhin vier Kilometer.«

Aufs Fahrrad will der 44-Jährige vorerst nicht umsteigen. »Ich hab's mit dem Rücken, da kommt Fahrradfahren nicht infrage. Außerdem halte ich nicht viel von diesem ganzen Öko-Hype.«

Noltemeyer macht kurz Pause, um sich den Schweiß von der Stirn zu wischen. »So, jetzt noch den Berg da vorne rauf, dann kann ich mich reinsetzen und die letzten 300 Meter bis zur Arbeit rollen lassen«, keucht er.

Dann fällt sein Blick auf seine Armbanduhr. »Scheiße, schon Viertel vor acht! Hoffentlich kriege ich noch einen Parkplatz!«

Lief wohl auf anderem Kanal: Binnenschiffer verpasst »Das Boot«

Sehr begehrt: 9-Euro-Ticket für bis zu 200 Euro auf Schwarzmarkt gehandelt

Berlin, Frankfurt, München (dpo) – Der Ansturm auf das deutschlandweite 9-Euro-Ticket für den Nahverkehr ist gigantisch. So groß ist die Popularität des neuen Monatstickets, dass es auf dem Schwarzmarkt inzwischen für Beträge von bis zu 200 Euro angeboten wird.

»9-Euro-Ticket, druckfrisch, 200 Euro VHB« – Angebote wie dieses findet man viele im Internet. Offenbar haben sich zahlreiche Zwischenhändler und Privatpersonen mit den begehrten Fahrscheinen eingedeckt, um sie dann zu höheren Preisen weiterzuverkaufen.

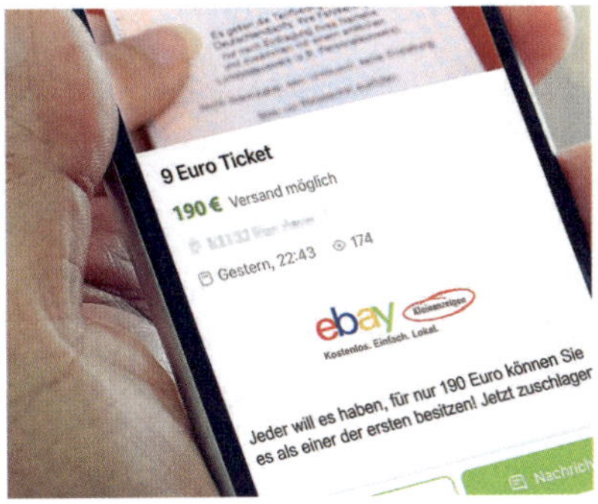

Typischer Eintrag auf eBay Kleinanzeigen

Doch auch an Bahnhöfen und Bushaltestellen werden die Tickets von zwielichtigen Händlern angeboten. »Hey, psst? Brauchst du 9-Euro-Ticket?«, spricht beispielsweise ein Mann am Frankfurter Hauptbahnhof wahllos Passanten an. »Hab eins für nur 170 Euro! Beste Ware, nie entwertet. Na?« Szenen wie diese spielen sich täglich im ganzen Land ab.

»Das ist ein Phänomen, das wir bei immens populären Artikeln wie Spielkonsolen, Fußballtickets oder nun eben dem 9-Euro-Ticket immer wieder beobachten können«, erklärt Manuela Prager von der Verbraucherschutzzentrale Berlin. »Leider kommen die Händler damit durch, denn gerade bei besonders gehypten Artikeln sind viele Menschen bereit, mehr zu zahlen.«

Dennoch raten Verbraucherschützer auch bei Preisen von bis zu 200 Euro nicht generell vom Kauf ab. »Das ist immer noch ein vergleichsweise gutes Angebot für einen kompletten Monat bundesweite Fahrmöglichkeit im öffentlichen Nahverkehr«, so Prager. »Da zahlt man normalerweise locker das Doppelte dafür. Ich würde da zuschlagen. Brauchen Sie eins für 200? Ich hätte zufällig noch eins übrig.«

Schildermangel und 9 weitere plausible Gründe, warum die FDP ein Tempolimit für undurchführbar hält

Diese Aussage überraschte viele: Laut Verkehrsminister Volker Wissing ist ein Tempolimit in Deutschland schon alleine deshalb nicht möglich, weil die dafür nötigen Verkehrsschilder nicht vorhanden seien. Der Postillon hat bei der FDP nachgefragt und 9 weitere zwingende Gründe (insgesamt also 10!!!) erfahren, warum die Liberalen selbst ein vorübergehendes Tempolimit ausschließen:

1. Es gibt laut Verkehrsminister Volker Wissing in Deutschland nicht genügend Verkehrsschilder.

Man stelle sich mal vor, man müsste jedes einzelne 8-km/h-Schild durch ein 130-km/h-Schild ersetzen!

2. Autos würden krank werden, wenn sie zu langsam fahren.

Jeder weiß: Die meisten Motoren brauchen mindestens einmal pro Tag 180 km/h, um richtig atmen zu können. Ansonsten drohen: Kühlerhusten, Tank-Auspuff-Grippe, Kolbeninfarkt.

3. Der Parteihund hat die Gesetzesvorlage gefressen.

Leider hat Parteihund Genschi eine bereits fertige Gesetzesvorlage über ein Tempolimit gefressen. Pech!

4. Eine alte einäugige Frau hat gewarnt, dass das Tempolimit Unglück bringt.

Es wäre wirklich unklug, jetzt das Tempolimit einzuführen, wo wir so kurz davor sind, endlich die Liebe unsere Lebens zu finden, die in unseren Handlinien vorherbestimmt ist.

5. Wrooooooooooooooooooooooooooooooooooooooom!

Wroom! Wroooooom! Wrooooom!

6. Ungefähr ein Drittel aller Arbeitsplätze in Deutschland hängt von reichen ausländischen Touristen ab, die ohne Tempolimit über die Autobahn brettern wollen.

Wie sollen wir ohne tschechische Milliardäre, die mit 417 km/h über unsere Autobahnen brettern, bestehen können? Diese Leute tanken auch, besuchen Rasthöfe, investieren in Sanifair. Der Mythos »German Autobahn« muss weiterleben, damit Deutschland nicht pleitegeht!

7. Wer unter 131 km/h auf der Autobahn fährt, dem wachsen Haare auf den Händen.

Das ist wissenschaftlich belegt. Etwa in einer FDP-Studie von 1987.

8. Volker Wissing hat einen Entschuldigungsbrief von seiner Mutter, dass er kein Tempolimit einführen darf.

»Leider kann Volker kein Tempolimit einführen, weil er seinen Turnbeutel vergessen hat. Hochachtungsvoll, meine Mutter.«

9. Der Saturn steht ungünstig im Wassermann, was das Kardanwellenchakra der meisten Autos negativ beeinflusst, insofern sie weniger als 170 km/h fahren.

Das wirkt sich natürlich auch auf den dritten Auspuff aus – zwischen den Spiegeln entstehen dann Schwingungen, die das Zylindergleichgewicht stören und das Benzin trüben.

10. Weil isso!

Is einfach so. Kann man nix machen.

»Wir finden kaum noch Leute« – Chef von MiesBezahlteDrecksjobs GmbH beklagt Personalmangel

Berlin (dpo) – Was ist nur mit dem Arbeitsmarkt los? Arnold Menschenschinder beklagt, dass seine Firma, die MiesBezahlteDrecksjobs GmbH, an nahezu allen Standorten in Deutschland größte Mühen hat, fähige Mitarbeiter zu finden.

»Unfassbar, warum finden wir nur niemanden?«, beschwert sich der Unternehmer. »Da zahlen wir genau auf Mindestlohnniveau, bieten unflexible Arbeitszeiten, unbezahlte Überstunden und mangelnde Aufstiegschancen und trotzdem will kaum einer bei uns anfangen. Ich stehe da vor einem Rätsel.«

Ähnlich ergehe es befreundeten Unternehmern wie dem Chef der Wer-einen-Betriebsrat-gründet-wird-rausgemobbt OHG, der BoniNurAnVorstände AG und der Firma Wir-bilden-niemanden-aus-und-wundern-uns-dann-über-fehlenden-Nachwuchs & Söhne. »Die finden auch niemanden. Es ist echt wie verhext!«

Von der Politik fordert der 64-Jährige deshalb schnelle Maßnahmen. »Egal, ob wir da jetzt billige Ausländer holen oder ob die Politik mir Arbeitslose schickt oder vielleicht sogar einen Teil der Lohnkosten übernimmt: Es muss dringend was passieren. Sonst entgehen uns da Gewinne und das schadet am Ende der deutschen Wirtschaft.«

Nach Abwanderung westlicher Firmen:

McPutin, Wladiwostok Fried Chicken und Burger Zar eröffnen in Russland

Moskau (dpo) – Immer mehr westliche Firmen ziehen sich aus Russland zurück. Um die so entstandenen Lücken im Angebot zu schließen, setzt der Kreml auf russischen Ersatz: In Moskau eröffneten heute die ersten Filialen der neu gegründeten Fast-Food-Ketten McPutin, Wladiwostok Fried Chicken und Burger Zar. Auch zahlreiche weitere populäre Marken wurden ersetzt.

»Kommen Sie herein und kosten Sie unsere leckeren Burger!«, ruft McPutin-Besitzer Nikolai Sorokin. »Wir haben alles, was Sie wünschen: McBorschtsch, Big Blini, McBœuf-Stroganoff! Oder unsere Putinburger ... äh ... Putenburger!«

Dabei setzt Sorokin auf kostengünstige Angebote. »Das Sparmenü kostet bei uns nur 499 Rubel und da gibt es zum Burger auch noch Bratkartoffeln und Wodka dazu. Da kann die Konkurrenz von Wladiwostok Fried Chicken und Burger Zar einpacken! Oh, ich bekomme gerade die neuesten Kursänderungen mit. Na gut, jetzt kostet das Sparmenü 899 Rubel. Genau deshalb sind alle unsere Preisanzeigen digital.«

Doch nicht nur in der Fast-Food-Branche muss die Regierung für Ersatz sorgen. So können Russen ihren Durst ab sofort mit Mosca-Cola (auf Kartoffelbasis) stillen, russische Filme auf Njetflix streamen, Sportklamotten von putidas und Nikita tragen oder in den Boutiquen von Lada und Puschkin (vormals Prada und Gucci) shoppen.

Von der russischen Bevölkerung werden die neuen Angebote bislang gut angenommen. Darauf deuten zumindest die zahlreichen positiven Kommentare von Usern ohne Profilbild mit Nutzernamen wie realperson3756273 auf Plattformen wie Twitnik und Fejsbuk hin.

Für Puristen: Durex stellt Kondom mit Penisgeschmack vor

Heidelberg (dpo) – Banane, Himbeere, Schokolade: Schon lange werden Kondome in allen möglichen Geschmacksrichtungen angeboten, doch die eigentlich naheliegendste gab es bislang noch nicht. Durex schafft nun Abhilfe. Unter dem Namen »Durex natural taste« hat der Kondomhersteller heute das erste Präservativ mit Penisgeschmack vorgestellt.

»Wir wollen unseren Kunden mit diesem Produkt ein täuschend echtes Geschmackserlebnis bieten«, erklärt ein Sprecher von Durex. »Durch den intensiven Penisgeschmack hat man beim Oralsex das Gefühl, als sei das Kondom gar nicht da. Natur pur! Aber eben auch safe.«

Möglich macht es ein raffiniertes Gemisch aus Aromastoffen, das in monatelangen Tests verfeinert und immer wieder abgeschmeckt wurde. »Erst, als auch unser gesamter Vorstand mit dem Ergebnis zufrieden war, haben wir das Produkt zur Marktreife gebracht«, so der Sprecher.

Nun muss sich das Kondom mit dem besonderen Aroma nur noch im Verkauf beweisen. Durex rechnet jedenfalls mit hohem Kundeninteresse.

»Wir haben bereits verschiedene Varianten der ›natural taste‹-Produktlinie in Planung«, verrät der Sprecher. »Künftig kann man dann zwischen mehreren Geschmacksstufen von ›frisch geduscht‹ bis hin zu ›fünf Tage Musikfestival ungewaschen‹ wählen.«

Trost für Schalke-Fans: Wenigstens hat benachbartes Dortmund den Pokal gewonnen!

Gelsenkirchen, Dortmund (dpo) – Nach der Seuchensaison 2020/21, die für den FC Schalke mit dem Abstieg aus der Bundesliga endete, sah es düster aus für Fans des Gelsenkirchener Vereins. Doch nun sorgt ein kleines Fußballwunder für ein bisschen Trost: Denn mit dem BVB ist es einem Team aus der unmittelbaren Umgebung von Gelsenkirchen gelungen, den DFB-Pokal zu holen!

»Der fulminante 4:1-Sieg der Dortmunder gegen RB Leipzig dürfte Balsam für die Seele der geplagten Schalke-Fans sein«, so Fußballexperte Norbert Zuch. »Immerhin ist der BVB ein Team aus der unmittelbaren Nachbarschaft! Da kann man als Gelsenkirchener stolz darauf sein.«

Zudem sei der Erfolg des BVB der klare Beweis, dass man im Ruhrpott durchaus starken Fußball spielen kann.

Anstatt also wegen des Abstiegs von Schalke 04 traurig sein zu müssen, können Anhänger der Knappen einfach ins nur 25 Kilometer entfernte Dortmund fahren und gemeinsam mit BVB-Anhängern den Pokalsieg feiern.

Schön! Diese inspirierende Geschichte zeigt, dass auf Regen immer Sonnenschein folgt! Gratulation, Gelsenkirchen! Gratulation, Dortmund!

Hat ihm eine gelangt: Mann will nie wieder Beziehung mit Schlägerin

»Geben viel Wärme ab«: Habeck empfiehlt, im Winter Ziegen in der Wohnung zu halten

Berlin (dpo) – Die Energiepreise schnellen in Erwartung eines russischen Gaslieferstopps in ungeahnte Höhen. Um Heizkosten zu sparen und den Gasverbrauch zu reduzieren, hat Wirtschaftsminister Robert Habeck heute allen Deutschen empfohlen, ab Herbst zu Hause Ziegen zu halten.

»Ziegen sind sehr genügsame Tiere und geben gleichzeitig viel Wärme ab«, erklärte der Grünen-Politiker bei einer Pressekonferenz. »Außerdem geben sie Milch und können notfalls geschlachtet werden. Damit sind Ziegen auch ein wichtiger Helfer gegen erhöhte Lebensmittelkosten.«

Wenn jeder Haushalt mindestens zwei oder drei Ziegen besitzt, bringt das bereits eine Heizkostenreduktion von rund 15 Prozent, rechnet der Minister vor. »Mit vier Ziegen und mehr sind sogar 20 bis 25 Prozent drin. Damit machen wir uns weiter unabhängig von russischen Energielieferungen.«

In Anspielung auf die Lieblingsnahrung von Ziegen erlärte Habeck: »Quasi heizen mit Gras statt Gas! Eine nebenbei auch sehr ökologische Lösung.«

Kritische Stimmen, die mutmaßen, Habeck gehe es in erster Linie darum, den Gasbedarf der Industrie zu sichern, wies dieser entschieden zurück. »Das war mir schon klar, dass es wegen meines Vorschlags lautes Gemecker geben würde. Wer keinen Bock hat, muss ja nicht mitmachen, Alter!«

Landwirt entsetzt: Komplette Maisernte zu Popcorn geworden

Geilenkirchen (dpo) – Als Karl Pächler heute Morgen nach seinem Maisfeld schauen will, traut der 44-jährige Landwirt seinen Augen kaum: Nahezu sein gesamter Maisbestand hat sich in Popcorn verwandelt. Schuld ist wohl die aktuelle Hitzewelle, die das Land derzeit im Griff hat.

Eigentlich hätte sich Pächler um das Feld erst nächste Woche wieder gekümmert, doch eine Anwohnerin hatte ihn angerufen und von mysteriösen Knallgeräuschen aus dem Mais berichtet. »Das ging den ganzen Tag gestern so: Peng! Peng! Peng! Rapapapap!«, erinnert sich Gerda Blohmeier (61). »Rapapapapap! Und es flogen immer so weiße Dinger rum.«

»Was mache ich denn jetzt?«, klagt Pächler. »35 Hektar! Die ganze Ernte ist futsch! So viel Popcorn bekomme ich doch nie rechtzeitig an Kinos und Jahrmärkte verkauft, bevor es fad wird!«

Er zeigt einen Maiskolben. Und tatsächlich: Nahezu alle Maiskörner sind bereits vom Kolben gesprungen und liegen jetzt als Popcorn am Boden. Immer noch knallt es gelegentlich.

Auch andere Landwirte aus dem gesamten Bundesgebiet leiden unter der Hitzewelle. So sollen manche Bauern Pommesfrites auf ihren Kartoffelfeldern geerntet haben. Auf Getreide- und Weizenfeldern wiederum soll es nach frischem Brot riechen.

Pächler weiß nicht, wie es jetzt weitergehen soll. »Das Einzige, was ich jetzt machen kann, ist, den ganzen Kram sofort zu ernten. Und dann kann ich eigentlich nur hoffen, dass in den nächsten Tagen irgendetwas unglaublich Spannendes passiert«, so der Landwirt. »Andernfalls bin ich ruiniert.«

Platt-Cent da: Hebamme findet von Dampfwalze überfahrenes Kleingeld in Mutterkuchen

Stiftung Warentest: Großteil aller Schuhlöffel völlig ungeeignet, um damit ordentlich Schuhe zu essen

Berlin (dpo) – Vierzehnmal »Mangelhaft« – so vernichtend fiel selten das Urteil der Stiftung Warentest für eine ganze Produktklasse aus. Doch bei der Überprüfung von 14 Schuhlöffeln teils namhafter Hersteller stellte sich heraus, dass nahezu alle viel zu klein sind, um damit ordentlich Schuhe essen zu können.

»Wir wissen nicht, was sich die Hersteller dabei gedacht haben«, heißt es im Testfazit. »Man kann Schuhlöffel für alles Mögliche benutzen. Um Schuhe zu essen, eignen sie sich kein bisschen.«

Alle getesteten Schuhlöffel wiesen nahezu identische Mängel auf. Während viele über einen unnötig langen Griff verfügen, ist die Löffelfläche in der Regel viel zu schmal. Stiftung Warentest: »Es ist nahezu unmöglich, einen Schuh damit vom Teller aufzuheben. Gelingt es doch, fällt er meist herunter, bevor man ihn zum Mund führen kann.«

Überhaupt – so mutmaßt Stiftung Warentest – stelle sich die Frage, ob Schuhlöffel nicht generell das völlig falsche Instrument zum Verspeisen von Schuhen seien. »Da Schuhe in der Regel nicht flüssig, sondern fest sind, wären Schuhmesser und Schuhgabel deutlich vielversprechendere Werkzeuge.« So ließen sich Schuhe in mundgerechte Happen zerkleinern und verspeisen.

So negativ wie die 14 Schuhlöffel haben in der Geschichte der Stiftung Warentest nur wenige Produkte abgeschnitten. Vergleichbar ist allenfalls ein Test von 1993, als 13 Wasserhähne mit »mangelhaft« bewertet wurden, weil keiner von ihnen krähen konnte.

Hollywoodreif: Jungregisseur dreht ambitionierten Film über amerikanischen Frost

Papst lenkt ein: Vatikan liefert 2000 Hellebarden an Ukraine

Rom, Kiew (dpo) – Jetzt erhält Kiew Hilfe von ganz oben: Nach anfänglicher Skepsis hat Papst Franziskus heute angekündigt, dass der Vatikan die Ukraine in den nächsten Wochen mit der Lieferung von insgesamt 2000 Hellebarden unterstützen wird.

»Wir schicken die zuverlässigsten Waffen aus unserem Arsenal an das ukrainische Volk«, so Franziskus, während er eine glänzende Hellebarde in die Höhe reckte. Nach Angaben des Vatikans wird die Verteidigungsfähigkeit des Stadtstaates durch die Lieferung nicht beeinträchtigt, da es sich um ältere Hellebarden aus Beständen der Schweizergarde handele.

Die Waffen gelten als leicht zu bedienen und effektiv – besonders russische Ritter und Landsknechte lassen sich damit gut abwehren.

Kritiker bemängeln jedoch, dass die nun zugesicherten Hellebarden bei Weitem nicht ausreichen. »Das wirkt schon eher halbherzig«, erklärt etwa Rüstungsexperte Daniel Roczinski. »Als Stellvertreter Gottes wäre es doch für den Papst ein Leichtes gewesen, ein paar Dutzend Blitze, die Posaunen von Jericho oder wenigstens einige Streitwagen der himmlischen Heerscharen nach Kiew zu entsenden.«

Sensation: Archäologen entdecken erstes Demotape der Rolling Stones

Kent (dpo) – Sensationsfund im britischen Kent: Archäologen haben bei einer Ausgrabung das vermutlich erste Demotape der Rolling Stones entdeckt. Inzwischen konnte mit der Radiokarbonmethode die Echtheit des Bandes bestätigt werden.

»Wir hatten eigentlich gehofft, hier die Überreste einer Siedlung aus der Jungsteinzeit zu finden«, erklärt Grabungsleiterin Joanne Spraggins. »Aber offenbar ist diese Erdschicht noch älter, als wir dachten. Es ist schon sehr magisch, sich vorzustellen, dass vor Urzeiten die Rolling Stones diesen Gegenstand in den Händen gehalten haben müssten.«

Dabei kommt es einem Wunder gleich, dass das Band überhaupt noch existiert. »Es fiel womöglich einem Keith Richards oder gar einem Mick Jagger, wie man sie in jener Zeit auf dem Gebiet des heutigen Kent antreffen konnte, aus der Tasche.«

Dann landete das Demotape vermutlich in einem Straßengraben oder einer anderen Senke, wo es von einem Erdrutsch oder rollenden Steinen bedeckt wurde und so bis heute überdauern konnte.

So oder so ähnlich könnten die Rolling Stones damals ausgesehen haben:

Röntgenanalysen bestätigen, dass es sich bei der Aufnahme um eine frühe Version des Stones-Songs »Heart of Stone« handeln könnte. Abgespielt werden kann das Demotape leider nicht, da es keine funktionsfähigen Geräte mehr aus jener Zeit gibt.

Das Tonband soll jetzt aufwendig restauriert und in einem Museum für Ur- und Frühgeschichte ausgestellt werden.

Exklusiv: Das ist das erste Foto des James-Webb-Weltraumteleskops

Washington (dpo) – Mit mehr als 20 Jahren Bauzeit, der Beteiligung Tausender Wissenschaftler und zehn Milliarden US-Dollar Kosten ist das James-Webb-Weltraumteleskop schon jetzt ein Projekt der Superlative. Nun hat die unbemannte Sonde, deren Zielort in 1,5 Millionen Kilometern Entfernung von der Erde liegt, erstmals Aufnahmen angefertigt, die dem Postillon exklusiv vorliegen.

Die Fotos fallen erwartungsgemäß dunkel aus. Immerhin sind sie im Weltall aufgenommen. Überraschend aus der Sicht von Astronomen dürfte allerdings sein, dass in den Randregionen des Weltalls, auf die das Teleskop gerichtet war, Buchstaben zu sehen sind, die sogar richtige Wörter zu bilden scheinen.

»Wir haben mit so einigem gerechnet, aber damit nicht«, gibt NASA-Sprecher Neil Davis zu. »Derart bizarre Sternformationen, denn nur darum kann es sich hier handeln, haben wir noch nie gesehen. Das Weltall ist voller Wunder! Das werden wir in den kommenden Wochen ganz genau untersuchen.«

Vor Rätsel stellt die Wissenschaft derzeit auch der Umstand, dass alle Aufnahmen dasselbe Motiv zu zeigen scheinen. »Egal, in welche Richtung das Teleskop fotografiert, immer sehen wir diese mysteriöse Konstellation«, so Davis. Einsteins Relativitätstheorie müsse nun wahrscheinlich neu gedacht werden.

Zwei weitere Aufnahmen des Weltraumteleskops:

Der NASA-Sprecher weiter: »Wir werden hart daran arbeiten, der Welt bald eine wissenschaftliche Erklärung für diese atemberaubenden Aufnahmen liefern zu können. So oder so: Die Mission kann als ein voller Erfolg gewertet werden.«

Mein Lieblingsrezept

DANKE-EINTOPF

Zutaten:

Gehirnschmalz
Bestechungsgeld
Opium
etwas Farbe
optional etwas Bauchstreicheln

Schwierigkeit: Simpel

Dauer: ca. 78 Min.

Zubereitung:

1. KERNTEAM bereitstellen
Man nehme Alexander Bayer, Dan Eckert, Stefan Sichermann, Philipp Feldhusen und Peer Gahmert (eine-zeitung.net) und stelle diese griffbereit ins Regal. Anschließend organisiert man sich Daniel Al-Kabbani (constructive-amusement.de) und Tobias Lauterbach (illusive-reflection.com) und heize alle zusammen mit einem Pfund Bestechungsgeld auf Betriebstemperatur.

2. BEITRÄGE-Fond ansetzen
Für den Fond eine willkürliche Mischung aus ***Ahmed Abdelmoula, Theodor M. Bärtl, Sebastian Bensch, Marei Bestek, Soufian El Khayari & Derya Sami Saydjari*** (Noktara.de), ***Sascha Gerson, Daniel Ghassemi, Jens Holtermann, Ernst Jordan, Julia Kiesselbach, Volker Kohm, Markus Krieg, Thomas Kuczmera, Fabian Ludwig, Cornelius Oettle, Thomas Peters, Selim Polat*** (www.facebook.com/gazetteur), ***Christian Schierhorn, Michael Schulze Roberg, Sascha Schwarz, Noah Wagner*** in einer Pfanne mit Gehirnschmalz kurz anbraten und danach für 45 Minuten im Backofen schmoren lassen. Wer mag, kann noch etwas Bauchstreicheln hinzugeben.

3. NEWSTICKER dünsten
Ein Bund frischer Autorenmischung von ***23, aaa, adl, amü, arc, asa, ber, bfr, bit, ca8, cbe, evw, evw, frcx, ghe, hpa, hso, kly, kol, kop, kru, ksp, kth, loc, lou, marc, mct, mik, mta, oga, p2k, pau, rag, rav, rbo, s0l, sch, sör, stp, stv, sum, tei, tky, tom, tro, tsc, una, vat, wgr, wok, wol, wso, zac*** im heißen Opium-Wasserbad blanchieren und anschließend abschrecken. Tipp: Für ein optimales Ergebnis nur die Endstücke verwenden!

4. REDAKTIONELLE MITARBEIT abschmecken
Nach dem Abkühlen mit einer ordentlichen Portion ***Jennifer Schetter*** sowie einer Prise ***Oliver Kroh*** abschmecken, mit Farbe garnieren und servieren. Dazu reicht man 1000 mit Liebe gebackene DANKE-Brote!

NUR BUCHSTABEN – BLÄTTERN SIE WEITER

HIER GIBT ES NICHTS ZU SEHEN

Wenn Sie das hier lesen können, erkennen Sie den geheimen Hinweis: Hier abgebildete Buchstaben ergeben – aneinandergereiht – Wörter sowie Hinweise zur Herkunft der pixel- oder vektorbasierten Abbildungen in diesem Druckerzeugnis.

Seite5: shutterstock.com/Dotted Yeti | Seite7: shutterstock.com/Kzenon, Philip Lange, ArTono | Seite8: shutterstock.com/Ralf Geithe + shutterstock.com/Bjoern Wylezich | Seite9: picture alliance / FC Bayern Muenchen/Marco Donato + imago-images/SNA/Stringer | Seite10: imago-images.de/Joseph Martinez/PictureLux | Seite11: shutterstock.com/Everyonephoto Studio, Dmytro Surkov | Seite12: imago-images.de/DFB-Poolfoto | Seite13: shutterstock.com/Dasha Trofimova, Africa Studio, studiostoks, MikeDotta | Seite15: shutterstock.com/Simol1407, Vereshchagin Dmitry, stock.adobe.com/prostooleh | Seite17: shutterstock.com/[illegible] | Seite[illegible]: shutterstock.com/miqu77 | Seite19: imago-images.de/Future Image + shutterstock.com/Piotr Krzeslak, Michael Gogin | Seite20: shutterstock.com/Biehler Michael + shutterstock.com/Igor_PS + shutterstock.com/Jordan Tan + shutterstock.com/Ljupco Smokovski | Seite2[illegible]: shutterstock.com/George Rudy | Seite24,25: shutterstock.com/portumen + shutterstock.com/[illegible] + shutterstock.com/sebra | Seite26: shutterstock.com/trairut noppakaew | Seite27: shutterstock.com/Bjoern Deutschmann + imago-images.de/ IP3press/Christophe Morin | Seite28: shutterstock.com/ArNek | Seite29: imago-images.de/JustPictures | Seite30: shutterstock.com/photocosmos1 | Seite31: shutterstock.com/V_Sot_Visual_Content, Ljupco Smokovski, Nejron Photo | Seite32,33: shutterstock.com/Yuganov Konstantin + shutterstock.com/Gino Santa Maria, Four Oaks + shutterstock.com/AJR_photo + shutterstock.com/Aloha Hawaii + shutterstock.com/bogdan ionescu + JENS BÜTTNER + shutterstock.com/Motortion Films + shutterstock.com/VICUSCHKA + shutterstock.com/Daniel Krason + shutterstock.com/barang + shutterstock.com/Garan Julia + shutterstock.com/perfectlab | Seite34: shutterstock.com/Piyapong Wongkam, photocosmos1 | Seite36: shutterstock.com/Africa Studio + shutterstock.com/kitzcorner | Seite37: Master Sgt. Ann Bennett / U.S. Airforce, shutterstock.com/Sattar A, Ebtikar, Artsplav | Seite38,39: shutterstock.com/Kzenon | Seite40: shutterstock.com/footstock + imago-images.de/Chris Emil Janßen | Seite4[illegible]: shutterstock.com/[illegible] | Seite43: shutterstock.com/trekandshoot, Alvaro Hernandez Sanchez | Seite44: imago-images.de/photo2000 + shutterstock.com/Ralf Liebhold | Seite45: shutterstock.com/Drop of Light + shutterstock.com/GSDesign + shutterstock.com/Erdeft Love + shutterstock.com/abimages + shutterstock.com/Thitiwat.Day + shutterstock.com/Roman.S-Photographer | Seite46: shutterstock.com/SunCity + shutterstock.com/Atstock Productions, areallart, Nattika, Dionisvera, Yeti studio | Seite47: shutterstock.com/Olena Yakobchuk + shutterstock.com/Olena Yakobchuk | Seite48: picture alliance / Jörg Carstensen/dpa | Jörg Carstensen | Seite49: shutterstock.com/David Benito, Yuganov Konstantin | Seite50,51: shutterstock.com/Zastolskiy Victor + shutterstock.com/Veja + shutterstock.com/Victoria Novak, Andrii Zastrozhnov + shutterstock.com/stockcreations + shutterstock.com/Master1305 + shutterstock.com/Maren Winter + shutterstock.com/[illegible] + shutterstock.com/Photographee.eu + shutterstock.com/Ondrej Chvatal | Seite52: ALLAUDDIN KHAN/PICTURE ALLIANCE/AP PHOTO + Erwin Franzen | Seite53: shutterstock.com/[illegible] | Seite54,55: shutterstock.com/Antonio Guillem + shutterstock.com/Pressmaster + shutterstock.com/Anton Gvozdikov | Seite56: shutterstock.com/Evan El-Amin | Seite57: Studio Araminta + QinJin + 3d imagination + FlashMovie + Asier Romero | Seite58: shutterstock.com/SofikoS | Seite59: imago-images.de/MediaPunch | Ron Sachs | Seite60: shutterstock.com/sweet marshmallow | Seite61: Ajdin Kamber + picture alliance / Jörg Carstensen/dpa | Jörg Carstensen | Seite62: shutterstock.com/Olegs Petuhovs | Seite63: shutterstock.com/Song_about_summer | Seite64: shutterstock.com/Lyudmyla Kharlamova, BearFotos | Seite65: imago-images.de/teutopress + imago-images.de/teutopress | Seite66,67: shutterstock.com/Maridav + shutterstock.com/Mauricio Graiki + shutterstock.com/AlexSutula + shutterstock.com/Ravenash + shutterstock.com/Syda Productions + shutterstock.com/Oleg Znamenskiy + shutterstock.com/Asianet-Pakistan + shutterstock.com/JoeFotoSS + shutterstock.com/Orlok + shutterstock.com/Vlad Siaber + shutterstock.com/Kaspars Grinvalds + | Seite68: shutterstock.com/scottshoots, Jan Mika, ImageFlow + imago-images.de/Future Image | Seite69: imago-images.de/Sven Simon + shutterstock.com/FooTToo | Seite70,71: shutterstock.com/Lithiumphoto | Seite7[illegible]: shutterstock.com/travellifestyle + shutterstock.com/Gelpi + shutterstock.com/HomeArt + shutterstock.com/Artem Podporin | Seite72: Maischberger, Hart aber fair, Anne Will | Seite73: shutterstock.com/ViDI Studio, Phant, Vinokurov Alexandr, New Africa, Olga Gorkovtseva, Photographee.eu, Eillen | Seite74: shutterstock.com/Roman Rodriguez, PROFFIPhoto + shutterstock.com/BearFotos | Seite75: shutterstock.com/Kiryl Lis | Seite76: imago-images.de/Phil Noble | Seite77: shutterstock.com/Ververidis Vasilis + imago-images.de/ZUMA Wire | Seite78,79: shutterstock.com/Iurii Vlasenko, EfetkiStudio, Ljupco Smokovski, Budimir Jevtic + shutterstock.com/Jack Frog | Seite80: shutterstock.com/Marcos Mesa Sam Wordley | Seite81: shutterstock.com/Pressmaster, Pavel Faery | Seite82,83: shutterstock.com/CGN089, wavebreakmedia + shutterstock.com/Vasyl Shulga + shutterstock.com/CGN089 | Seite84: shutterstock.com/Jan de Wild, Lucigerma | Seite85: imago-images.de/photothek | Seite86: | Seite87: shutterstock.com/[illegible], Kristen Prahl, Suradech Singhanat | Seite88,89: shutterstock_Billion Photos | Seite90: picture alliance/Photoshot + shutterstock.com/[illegible], Aleksandar Kamasi, PRESSLAB, KAMONRAT | Seite91: shutterstock.com/[illegible] | Seite92: shutterstock.com/Natalia Deriabina, Undrey, Ivonne Wierink | Seite93: shutterstock.com/olrat, Phonix_a Pk.sarote | Seite94: shutterstock.com/riekephotos | Seite95: shutterstock.com/Photographee.eu | Seite96,97: shutterstock.com/FotoHelin + shutterstock.com/Tomislav Zvonaric + shutterstock.com/Konwicki Marcin + shutterstock.com/aappp | Seite98: shuttertstock.com/vichie81, Bozena Fulawka, Tim UR, JJava Designs | Seite99: shutterstock.com/Riccardo De Luca - Update | Seite100: shutterstock.com/VojtechVlk | Seite101: shutterstock.com/ID1974, photocosmos1 | Seite102: shutterstock.com/puhhha | Seite103: shutterstock.com/Krakenimages.com, Aquila chrysaetos | Seite104: shutterstock.com/[illegible] | Seite105: shutterstock.com/Nicoleta Ionescu, makalex69 | Seite106: imago-images.de/Lindenthaler | Seite107: shutterstock.com/Haggardous50000 | Seite108,109: shutterstock.com/Andrey_Popov + shutterstock.com/Denis Torkhov + shutterstock.com/Milkovasa, Denise Kappa + shutterstock.com/saiko3p + shutterstock.com/vectorfusionart + shutterstock.com/Antonio Guillem + shutterstock.com/Popescu - Valceanu Marius + shutterstock.com/Drazen Zigic + shutterstock.com/upslim + shutterstock.com/Jan Mika | Seite110: shutterstock.com/Alisa | Seite111: imago-images.de/Russia President Press Office/ITAR-TASS | Seite112: shutterstock.com/EF Stock + shutterstock.com/EF Stock | Seite113: shutterstock.com/Gita Kulinitch Studio, Ekaterina43, Devteev | Seite114: shutterstock.com/Monkey Business Images, janecat | Seite115: shutterstock.com/Egor Tetiushev | Seite116: imago-images.de/ ZUMA Press / Str + shutterstock.com/TotArt + shutterstock.com/gomolach + shutterstock.com/Mike Mareen | Seite117: shutterstock.com/vishstudio + shutterstock.com/Patryk Kosmider + shutterstock.com/Myimages + shutterstock.com/Michal BOOCYS | Seite118: shutterstock.com/l. akhundova,Shcherban Oleksandr + picture alliance/Rolf Vennenbernd | Seite119: | Seite120: shutterstock.com/Milkovasa, Nemenacom, Business stock, [illegible], Andrey_Popov, InesSyndromeArtwork | Seite121: shutterstock.com/JRP Studio, Berna Namoglu, Anton Burakov, watin, New Africa | Seite122: shutterstock.com/fizkes | Seite123: shutterstock.com/[illegible], Ekaterina Zateeva | Seite124: shutterstock.com/Zabrotskaya Larysa, DeBora Rachelle | Seite125: shutterstock.com/Renatas Repcinskas + shutterstock.com/Jarek Kilian | Seite126: shutterstock.com/VGstockstudio | Seite127: shutterstock.com/Photographee.eu, Ana Gram, PatrickLauzon photographe | Seite128,129: shutterstock.com/Kzenon | Seite130: shutterstock.com/Elena Rostunova, Pavel Mitrofanov | Seite131: imago-images.de/photo2000 | Seite132: shutterstock.com/LimArt163 | Seite134: imago-images.de/Sven Simon | Seite135: shutterstock.com/Kzenon + imago-images.de/Metodi Popow | Seite136,137: shutterstock.com/Kiev.Victor, Nynke van Holten, Vitaly Titov + shutterstock.com/Svietlieisha Olena, Elnur, SCOTTCHAN, Ekaterina43, F16-ISO100 + shutterstock.com/Plus69, Shevchenko Andrey, Photo Win1 + shutterstock.com/xavier gallego morell, Guryanov Andrey, Ayman alakhras + shutterstock.com/Alex Millauer, Srinuan hiranwat, BearFotos + shutterstock.com/Alla Bacherikova, Srinuan hiranwat + shutterstock.com/Anna Grishenko, Anne Czichos, popcvarter.com + shutterstock.com/YuryKara, Valerii Evlakhov + shutterstock.com/MaxyM, Ljupco Smokovski, prapann + shutterstock.com/ALLYOU Grzegorz Wasowicz, Tkstockup, Nynke van Holten + | Seite138: shutterstock.com/Itstudio, Pasko Maksim | Seite139: imago-images.de/Eibner | Seite140: imago-images.de/Gottfried Czepluch shutterstock.com/industryviews | Seite141: shutterstock.com/Nadim Mahmud - Himu, Jaromir Chalabala, Yellow Cat, Vangelis_Vassalakis | Seite142,143: shutterstock.com/ID1974 | Seite144: shutterstock.com/Robert Kneschke + shutterstock.com/Alhovik | Seite145: shutterstock.com/Pensioner | Seite146: RTL + shutterstock.com/Hihitetlin + shutterstock.com/stockcreations + Dschungelcamp | Seite147: shutterstock.com/Alexandros Michailidis, Alfonso de Tomas | Seite148: shutterstock.com/Swirk, piyaphong | Seite149: shutterstock.com/roroto12p, conzorb, Vectorpocket, Photo Win1, LEON DSLR Camera | imago-images.de/Andreas Haas | Seite150: shutterstock.com/Pixel-Shot, Norman Pogson | Seite151: shuttertstock.com/New Africa, Moonphasestudio | Seite152: picture alliance/dpa/Christoph Reichwein + imago-images.de/Lars Berg | Seite153: shutterstock.com/Medvid.com | Seite154: shutterstock.com/Jelena Aloskina | Seite155: shuttertstock.com/motorsports Photographer, Sunwand24 | Seite156,157: shutterstock.com/Ollyy + shutterstock.com/Bernd Juergens, pio3, Tangizzz, PrasongTakham + shutterstock.com/FOTOKITA + shutterstock.com/iaginzburg + shutterstock.com/Per-Boge + shutterstock.com/Jack Frog + shutterstock.com/Annette Shaff + shutterstock.com/UlianovDmitrii | Seite158: imago-images.de/ITAR-TASS/Alexei Druzhinin/Russian Presidential Press and Information Office | Seite159: shutterstock.com/Markus Pfetzing + shutterstock.com/Urbanscape | Seite160: shutterstock.com/kajeab_pongsiri, shutterstock.com/MP_Foto, shutterstock.com/Den Rozhnovsky, shutterstock.com/Halytskyi Olexandr | Seite161: shutterstock.com/Krakenimages.com, Kenneth Man, Media_Photos, Yongcharoen_kittiyaporn, A_kelam | Seite162,163: shutterstock.com/UfaBizPhoto + shutterstock.com/Gr8 Shots + shutterstock.com/macondo | Seite164: shutterstock.com/Karasev Viktor | Seite165: shutterstock.com/Lucky Business | Seite166: imago-images.de/Jens Schicke + shutterstock.com/Artist_R, Korot Yurii, mapman | Seite167: shutterstock.com/Markus Wissmann | Seite168,169: picture alliance/dpa | Stefan Sauer + shutterstock.com/Sergio Photone, 360b + lzf + picture alliance/dpa/dpa Zentralbild | Stefan Sauer + imago-images.de/Political-Moments + shutterstock.com/Robert Kneschke + shutterstock.com/Tero Vesalainen + shutterstock.com/Yeti studio | Seite170: shutterstock.com/Walter Cicchetti, NatUlrich | Seite171: imago-images.de/U. J. Alexander + shutterstock.com/zaidi razak, tanuha2001, cjmacer | Seite172,173: shutterstock.com/travelarium.ph + shutterstock.com/Mike H, ikmerc + shutterstock.com/Pixel-Shot, Matthias Wehnert + shutterstock.com/Vadim Ratnikov, Luthfi Syahwal + shutterstock.com/photocosmos1, Damian Palus + shutterstock.com/Matthias Wehnert, Davizro Photography + shutterstock.com/F-Stop boy, D Busquets | Seite174,175: picture alliance/ASSOCIATED PRESS + shutterstock.com/Romolo Tavani, Zoart Studio, wowomnom | Seite176: shutterstock.com/LightField Studios, Siegi + shutterstock.com/Shift Drive | Seite177: shutterstock.com/ASDF_MEDIA | Seite178: shutterstock.com/ArtmannWitte | Seite179: shutterstock.com/vidguten + imago-images.de/Jürgen Held + shutterstock.com/BongkarnGraphic | Seite180,181: imago-images.de/Chris Emil Janßen | Seite182: shutterstock.com/Rawpixel, Kraken Images + shutterstock.com/[illegible] | Seite182: | Seite183: shutterstock.com/VioletStudio + shutterstock.com/NDAB Creativity | Seite184: picture alliance/augenklick/firo Sportphoto + picture alliance/Mika | Seite185: imago-images.de/Chris Emil Janßen + shutterstock.com/Nancymirabelle + shutterstock.com/Kuttelvaserova Stuchelova | Seite186: shutterstock.com/Mikhailov Studio + shutterstock.com/bonchan + shutterstock.com/Bozena Fulawka | Seite187: shutterstock.com/Wirestock Creators, tommaso79 | Seite188: imago-images.de/ZUMA Wire, Independent Photo Agency Int. | Seite189: shutterstock.com/Microgen, Clive Stapleton + picture alliance/The Advertising Archives | Seite190: | Seite191: shutterstock.com/balabolka + pixabay/maurosegura | Seite192: pixabay/Carola68